KWANG-HEE PARK

ERFAHRENE HEILUNG

Spirituelle Erzählungen

Die Bibelstellen sind folgenden Übersetzungen entnommen: Bibel in gerechter Sprache (© 2006 Gütersloher Verlagshaus; im Text abgekürzt mit BigS), und der Zürcher Bibel (© 2007 Zürcher Bibel/Theologischer Verlag Zürich; abgekürzt mit ZB).

Im Text selbst wurde auf eine inklusive Sprache in Bezug auf Gott und auf Personen geachtet.

Die englische Originalausgabe ist 2021 unter dem Titel *Stories of Spiritual Healing – Becoming Well* bei SacraSage Press in USA erschienen (SacraSagePress.com). Übersetzt von Hanna Strack, Hans-Dieter Strack und Jochen Strack.

© 2021 Kwang-hee Park

Bibliografische Information der Deutschen Nationalbibliothek: Die Deutsche Nationalbibliothek verzeichnet diese Publikation in der Deutschen Nationalbibliografie; detaillierte bibliografische Daten sind im Internet über http://dnb.dnb.de abrufbar.

Satz: Nicole Sturk

Cover: ProDesigns

Coverfoto: Hume Lake in Kalifornien, von Karsten van Sander (mit Mitchel Cox)

Herstellung und Verlag: BoD – Books on Demand, Norderstedt (bod.de)

ISBN: 978-3-7519-6002-1

Webseite zum Buch: ErfahreneHeilung.de

Ein herzliches Dankeschön an:

Norma Fain Pratt und meinen Mann Jochen Strack für die gemeinsame Überarbeitung; und an Hanna Strack, Hans-Dieter Strack, Andrea Becker, Maddie Gavel-Briggs, Evelyn McClave, Jong-shin Park, Dirk Kloss, Karsten van Sander, Joe Bautista und Gisela Nuernberg für ihr Korrekturlesen und ihre Fragen und Anregungen.

Alle Anekdoten basieren auf realen Erlebnissen. Die Namen der Personen wurden geändert. Einige Geschichten sind autobiografisch. Gedruckt mit Erlaubnis der jeweiligen Hauptpersonen. Wir sind ihnen sehr dankbar und hoffen, dass andere durch ihre Erfahrungen Heilung finden.

Inhalt

Einführung

Menschen erleben Heilung sehr unterschiedlich. Der Begriff selbst meint zunächst das Heilen von Wunden. Diese können aber viele Ursachen haben: zum Beispiel eine verletzende Familiengeschichte oder ein seelisches Trauma, der unerwartete Tod eines geliebten Menschen, eine Missbrauchsgeschichte oder Verlassenheitserfahrung in der Kindheit, die Scheidung oder der Verlust der Eltern. Auch Rückschläge in Beruf und Karriere können Wunden verursachen.

Solche Verwundungen führen oft zu Depressionen, zu einem Mangel an Selbstbewusstsein und Selbstwertgefühl, oder auch zu Verhaltensweisen, die eigenes und fremdes Wachstum behindern. Oft bleiben Verwundungen verborgen, oder sie äußern sich in schädlichem Verhalten sich selbst und anderen gegenüber. Sie führen dazu, dass die Seele dürr oder leer wird.

Wie auch immer Wunden zugefügt werden, sei es durch äußere oder innere Erlebnisse, sie beeinflussen das körperliche und emotionale Wohlbefinden eines Menschen. Sie können zu einer spirituellen (geistlichen) Unklarheit führen und stellen die Gegenwart Gottes in Frage. Ihre Auswirkungen auf das Denken, den Geist und den

Körper einer Person können bewusst oder unbewusst sein. Die Heilung der Wunden kann aber dazu führen, die eigene Lebensenergie wieder neu zu erfahren.

Manche Wunden heilen schnell, eine einfache Hautverletzung etwa in wenigen Tagen. Für andere Wunden kann die Heilung zu einem lebenslangen Prozess werden.

In meinem eigenen Leben war Heilung ein zentrales Thema. Ich wurde auf verschiedene Weise verwundet: durch die Trennung meiner Eltern, durch zerbrochene Beziehungen und auch durch den Wunsch, in der Gesellschaft als Frau geliebt und respektiert zu werden. Bisweilen fühlte ich mich hilflos. Ich sehnte mich danach, meine Lebensenergie wiederzufinden und wiederherzustellen.

Es war ein schwerer Weg. In der Hoffnung, wieder Licht zu sehen, musste ich mich aus dunklen Tälern herausarbeiten. Auch meine jahrelange akademische Seelsorgeausbildung (pastoral counseling) reichte nicht aus, um meine eigenen Wunden zu heilen. Dazu stellte mich meine Auswanderung von Korea in die Vereinigten Staaten vor ganz eigene Herausforderungen in kultureller, emotionaler, finanzieller und spiritueller Hinsicht. Erst eine persönliche Begegnung mit Jesus und das tägliche Gebet konnten langsam das Knäuel meiner Gefühle entwirren. Besonders das Beten führte mich auf einen spirituellen Weg. Ich wurde seelisch gesund und konnte erfahren, wer ich vor Gott bin. So fand ich meine Berufung als Heilerin.

Als geistlliche Begleiterin/Seelsorgerin (spiritual director), Dozentin und Akupunkteurin genoss ich ein besonderes Privileg: Ich hörte die Lebensgeschichten von Frauen und Männern mit unterschiedlichen kulturellen und ethnischen Hintergründen. Manche dieser Erlebnisse waren sehr schmerzlich, andere waren voller positiver Energie und wunderbar. Auf sie zu hören brachte mir sehr hilfreiche Einsichten dahingehend, wie Heilung und Versöhnung geschehen kann.

In diesem Buch erzähle ich einige der Erlebnisse, die mir anvertraut wurden, und auch eigene Erfahrungen. Alle Namen wurden geändert.

Manchen der Erzählenden brachte die Lösung emotionaler Stresssituationen auch körperliche Erleichterung. Eine der Erzählungen in diesem Buch zeigt, wie die physische Erkrankung einer Person auch ein Schrei sein kann, hinter dem sich eine unausgesprochene seelische Verwundung verbirgt.

Andere, die sich leer und depressiv fühlten, zeigten damit ihre Sehnsucht nach tieferen Werten in der täglichen Routine. Oft war es eine spirituelle Frage, und dann ist diese Sehnsucht der Anfang, um die Quelle für den Sinn des Lebens mit und in Gott zu suchen und zu finden.

Wer seine Erlebnisse mit anderen teilt, tritt durch das Erzählen mutig in seine oder ihre eigene innere Welt ein. Verborgene Aspekte des eigenen Lebens beginnen sich zu öffnen, und nicht immer ist es leicht, den Weg zu finden, der zur Besserung eines gebrochenen und schmerzhaften Lebens führt. Aber die vielen Einzelstücke eines Lebenspuzzles können nach und nach zu einem zusammenhängenden Bild werden.

Während ich diese Erfahrungen aus unterschiedlichen Lebensgeschichten hörte, sah ich immer wieder Spuren einer göttlichen Gegenwart aufleuchten. Menschen, die in innerer Dunkelheit gefangen waren, rangen um ein neues Gleichgewicht in ihrem Leben. Zuzuhören ist eine Form der Fürsorge für andere.

Die sogenannte „spiritual direction" (geistliche Begleitung) ist eine besondere Art der Aufmerksamkeit: Eine Person bietet einer anderen einen sicheren Hafen, damit sie über ihre eigene Wahrheit sprechen kann. Durch das aufrichtige Interesse der oder des Zuhörenden, durch seine und ihre Liebe und Akzeptanzbereitschaft, erfährt der Erzählende eine transformierende Kraft, die ihn und sie und andere stärkt. Sein oder ihr Bild von Gott kann zu einem Bild von einer Liebe werden, die Angst vertreibt. Gott lockt uns unablässig damit, das Leben zu wählen mithilfe aller, die sich für unser Wohlbefinden interessieren und einsetzen.

Zuhörende und Erzählende sind miteinander verbunden in einem fürsorglichen Herzen. Die Heilung wird so zu einem gemeinsamen Geschehen. Es ist ein Prozess des Erwachens und Verstehens einer göttlichen Weisheit in der inneren Tiefe. In diesem Prozess entsteht neue Lebenskraft.

Das Heilwerden wird sich schließlich auch nicht auf einen selbst beschränken. Es wird achtsame, geistliche Augen öffnen, die den Schmerz anderer wahrnehmen und zerbrochenen Herzen beistehen möchten. Auf diese Weise erwächst aus dem Heilungsprozess ein mitfühlendes Herz, das anderen Kraft gibt. Wenn ich erlebte, wie ein Mensch seine Lebensenergie wiedergewann, erschien mir das immer wie die Heilung auch seiner oder ihrer Familie und Freundinnen und Freunde.

Die individuelle Heilung kann zu Gott führen, und dann wird ein mitfühlendes Herz zu einem göttlichen Geschenk für sich selbst und andere.

Eine spirituelle Praxis, zum Beispiel das Gebet, kann ein solches Mitgefühl stärken. Manche haben freilich mit dem Beten sehr negative und bedrückende Erfahrungen gemacht. Das stille Wiederholen von Worten wie „Liebe" oder „Frieden bei Gott" kann zu einer positiven Gebetserfahrung werden, die in schwierigen Zeiten Kraft und Frieden bringt.

Wenn das Gebet zur täglichen Praxis wird, schließt es beides ein: mit Gott reden und Gott zuhören. Es führt dann zu einer Art geistlichem Gespräch mit Gott. Es braucht Zeit und Übung, bis das Gebet zum Beginn eines neuen Tages wird.

Viele Geschichten in diesem Buch erzählen von Menschen, denen sich ein neues Gebetsleben eröffnet hat und die damit eine Kraft erfahren haben, die sie weitergeführt hat. Das Gebet wird auf natürliche Weise zu einer inneren Reise, die es ermöglicht, die eigenen Schmerzen und Verwundungen zu konfrontieren. Und das Gebet fördert die Wiederentdeckung der eigenen Stärken und Quellen. Göttliches Licht und göttliche Weisheit scheinen auf.

Ein weiterer Weg zur Heilung führt über das Gebet in der Gruppe. Mitglieder einer Gruppe sprechen zusammen über ihre Probleme und Sorgen, sie beten füreinander, sie weinen und lachen zusammen und teilen ihre Beschwerden miteinander und mit Gott. Eine solche Gruppe fördert Reflexion und Wachstum. Eine spirituelle Gemeinschaft, die auf diese Weise als stärkend erfahren wird, erfüllt den Geist und entfacht neue Lebensenergie.

Wenn man aufmerksam ist auf die Gegenwart des Göttlichen, wird das alltägliche Leben bedeutungsvoller und motivierender. Ich erinnere mich an ein Gemälde, das im Haus eines Freundes an einer Wand hing. Es zeigt einen Engel, der mit ganzer Kraft zwei auseinander gebrochene Balken zusammenfügt. Der Freund sagte zu mir: „Das Bild spiegelt meine eigene Gebrochenheit und Schwäche. Der Engel bemüht sich darum, die zerbrochenen Teile meines Lebens zusammenzuhalten, damit ich nicht falle." Das Bild brachte ihm wieder zum Bewusstsein, dass es die göttliche Gegenwart ist, die ihn hält und stützt.

Man fühlt, dass man nicht allein ist, wenn man spürt: Gott ist da, das Göttliche hält mich und heilt meine Brüche. Es kräftigt mich in meinen Schwächen.

Nach jeder Erzählung in diesem Buch haben Sie anhand von weiterführenden Fragen die Gelegenheit, über Teile Ihres eigenen Heilungsprozesses nachzudenken.

Sie werden Einblicke bekommen in eine transformierende Macht, die neues Leben hervorbringt.

Ein kurzes Gebet am Ende jeder Erzählung schlägt Ihnen Wege vor, Weisheit in sich selbst und mit Gottes Hilfe zu finden. Wenn Sie aus dieser Weisheit und aus Gottes Hilfe schöpfen, werden Sie sich zu Hause fühlen, wo immer Sie auch sind.

Ihr Körper, Ihre Seele und Ihr Geist werden sich wiedervereinigt fühlen und in Frieden mit Gott, ganz und geheilt und geheiligt.

(1)

Vergebung kommt dann von alleine

„In meinem innersten Herzen ist Gott mir näher als ich mir selbst nahe bin."

Augustinus (354–430)

Kay richtete einen Gebetskreis für Frauen ein. Sie trafen sich alle zwei Wochen. Vier oder fünf Frauen verschiedener ethnischer Herkunft erzählten sich, was ihnen gerade auf dem Herzen lag. Sie beteten füreinander, in Stille oder laut.

Jedes Mal leitete eine andere Teilnehmerin den Abend. Einmal war Louise an der Reihe. Sie war Jüdin, viele ihrer russischen und polnischen Verwandten waren im Holocaust ermordet worden. An diesem Abend bat Louise die anderen Frauen, jeweils eine kurze Geschichte darüber zu schreiben, wie sie einmal Vergebung erlebt haben.

Kay dachte tief über das Wort Vergebung nach. Komischerweise kam ihr niemand in den Sinn. Sicher, sie

erlebte eine Reihe gescheiterter Beziehungen mit Männern. Entweder wollten sie sich nicht binden oder es war
wegen anderer Frauen. Aber Kay dachte nicht daran, ihnen
zu vergeben, auch nicht um ihr Seelenheil willen. Stattdessen sah sie als Gründe für das Scheitern der Beziehungen
individuelle Verhaltensmuster oder auch gesellschaftliche
Phänomene zwischen Männern und Frauen. Wenn sie ab
und zu an die Beziehungen dachte, wurde sie manchmal
traurig oder deprimiert.

Im Laufe der Zeit entwickelte sie ihre eigene Art und
Weise, mit den Schmerzen umzugehen. Sie betete viel alleine oder mit anderen. Sie schuf sich ein kleines Ritual, mit
dem sie den Tag im Gebet begann. Ihr Beten wurde länger
und länger. Erst fünf Minuten, dann 30, dann eine Stunde
und schließlich bis zu drei Stunden. Mit der Zeit dachte sie
immer weniger an ihre ehemaligen Freunde, denen sie doch
eigentlich die Schuld für ihre Schmerzen gegeben hatte.

Kay spürte irgendwie tief drinnen, dass sie vom Heiligen Geist, vom göttlichen Geist, begleitet wurde. Während
ihrer Meditation kam in ihr immer wieder das Wort „Harmatia" hoch. Sein griechischer Ursprung bedeutet, den
Punkt oder das Ziel nicht zu treffen. Oft wird so auch der
Begriff „Sünde" umschrieben.

Für Kay war es ein befreiender Augenblick, als sie das
Wort Harmatia auf ihre gescheiterten Beziehungen bezog. Wenn sie den Punkt oder das Ziel nicht traf, dann war
sie geradezu besessen von Bitterkeit, Bedauern, Traurigkeit, Ängsten und Verzweiflung, und dachte nur, dass an
alledem ihre ehemaligen Freunde schuld waren. Ihre Gebetspraxis half ihr, mit ihrer Spiritualität in Verbindung

zu treten, ganz besonders mit der Liebe Gottes. Langsam empfand sie Heilung.

Kay freute sich sehr, dass sie sich jetzt irgendwie freier fühlte. Sie schloss ihre Augen und sah ein Bild: In einem gebrochenen Herzen wuchs ein kleines, neues Herz heran. Das kleine Herz wurde größer und das große, gebrochene Herz löste sich langsam auf.

In diesem Bild erkannte Kay, dass ihr tägliches Gebet, ihr tägliches Gespräch mit Gott, wie eine Öffnung war, durch die Gottes Liebe in ihr gebrochenes Herz fließen konnte. Sie legte einfach ihre ganzen Sorgen vor Gott aus und hörte dann in Stille hin.

Oft kam in ihr während solchem Beten ein tiefer Friede hoch, manchmal auch eine leise Stimme, Bilder oder neue Einsichten. Sie ermutigten Kay, trösteten ihr Herz, begleiteten ihre Gedanken und stärkten sie. Jetzt verstand Kay, warum sie sich nie dazu gezwungen hatte, ihren ehemaligen Freunden zu vergeben.

Diese neue Erkenntnis erzählte sie den anderen Frauen im Gebetskreis: „Für mich war zu vergeben kein aktives, bewusstes Handeln. Stattdessen kam Vergebung einfach auf ganz natürliche Weise, nämlich als mein Herz mit der Liebe Gottes erfüllt wurde."

Spirituelle Praxis

(1) Schreiben Sie eine Erfahrung mit Vergebung in Ihrem eigenen Leben auf.

(2) Stellen Sie sich vor, Sie würden Ihre aufgeschriebene Erfahrung Gott vorlesen. Schreiben Sie anschließend auf, was in Ihnen als Antwort entstand.

(3) Welche Öffnung könnten Sie haben, durch die die göttliche Liebe fließen kann?

Gebet

Gott, hier sind meine Schmerzen. Umgebe mein verletztes Herz mit Deiner Liebe, damit es mit Deiner Liebe erfüllt werde und wieder Freude empfinden kann.

(2)

Ich bekomme ein Rückgrat

„Dies ist für mich die Stunde der größten Freude, die ich in dieser Welt je empfunden haben. Kein Ohr kann hören, keine Zunge kann sagen, kein Herz kann verstehen wie süß und erfrischend der Geist des Herrn ist, den ich jetzt spüre."

Mary Dyer (1611–1660)

Thomas fühlte sich zu Theologie hingezogen, seitdem er die ergreifenden Berichte persönlicher Genesungen in Gruppen der Anonymen Alkoholiker erlebt hatte. Auch spürte er ein befriedigendes Gefühl, jedesmal wenn er in Gesprächen über Gott und Glauben seine Gedanken einbrachte.

Aber seine persönlichen Probleme und sein inneres Ringen mit früheren Beziehungen ließen ihn sich unsicher, oft zerbrechlich und verletzlich fühlen. Er arbeitete mit einem Psychotherapeuten und war sehr froh darüber. Eines Tages hörte er von einem Seelsorgekurs in einem Krankenhaus auf Hawaii. Er dachte sich, er könnte dort vielleicht einige Antworten finden. Hawaii, dachte er, mit den Wellen des Ozeans, den Regenbogen in den Bergen und der wachsenden vulkanischen Erde, war ein Ort, an dem Spiritualität auf natürliche Weise kam.

Der Seelsorgekurs war anspruchsvoller als erwartet. Am Ende des Semesters wollte er neue Energie tanken und Frieden spüren. Die Natur war Thomas' Ort. Das Meer, die Bäume, sanfter Regen, Vögel, Surfen – alles tat ihm gut.

Er lud seine Freundin Marlene ein, mit ihm die Farm eines Freundes zu besuchen, wo sie zusammen campen konnten. Sie war begeistert von der Idee und sagte sofort zu.

Er bereitete alles für das Campen vor: Luftmatratze, Wasserflaschen, Taschenlampe, Tischdecke, Kochutensilien, Kaffee. Als sie auf der Farm ankamen, begrüßte sie ihr Freund Jim und sie verbrachten einige Zeit zusammen.

Thomas wollte das Zelt aufbauen, bevor es dunkel wurde. Der Platz für das Zelt war nicht auf dem Boden, sondern auf einer erhöhten Holzplattform. Sie hatte ringsherum ein Geländer und lag hoch über einem Tal. Thomas und Marlene mussten mehrere Stufen hinaufgehen. Als sie ihr Zelt aufgeschlagen hatten, wurden sie von der weiten Natur um sie herum umarmt. „Was für frische Luft!" Thomas atmete tief ein.

Am nächsten Morgen wachten sie früh auf. Die Sonne schien. Es war ein wunderschöner Ort. Sie bereiteten Frühstück. Thomas hatte Spaß daran, sein altes Campinggeschirr benutzen zu können. Es war ein Geschenk eines Freundes gewesen. Das Blubbern des kochenden Wassers, der Geruch von Kaffee und die Vögel, die in den Bäumen sangen, ließen sie beide sich ausgeruht fühlen. Marlene sagte: „Es ist so ein herrlicher und friedlicher Ort hier!" Sie fingen an, ihr einfaches Frühstück zu essen.

Tief im Gespräch zeigte Marlene auf das Geländer, das die Holzplattform mit ihrem Zelt umgab. Sie sagte: „Thomas, sieh Dir diese beiden diagonalen Balken hier an, die den oberen Balken des Geländers halten. Ich habe das Gefühl, dass Du wie diese diagonalen Balken bist: Wenig zentriert und nicht geerdet. Aber wenn Du regelmäßig betest, dann wirst Du wie diese anderen beiden Balken hier in der Mitte sein, vertikal, die das Geländer halten. Ein Leben mit Gebet wird Dir ein Rückgrat geben. Du wirst in Gott geerdet sein." Dieser Gedanke reichte tief in Thomas' inneren Kern hinein. Er stellte sich vor: „Bei einer solchen Gebetspraxis bin ich möglicherweise nicht mehr auf Psychotherapie und Medikamente angewiesen. Ich werde vielleicht noch mit meinem Therapeuten arbeiten, aber ich glaube, ich werde meinen wahren Kern in Gott und mit Gott entwickeln können."

In Thomas entwickelte sich ein fester Wunsch, sein Leben mit Gebet zu erden. Er nannte es seine Rückgrattheorie — sich mit täglichem Gebet in Gott zu centern.

Er arbeitete noch eine Weile länger auf der Farm. Jeden Morgen nahm er sich Zeit, in Stille zu sitzen und zu beten: „Gott, Deine heilende Berührung sei heute bei mir. Hilf mir, in Dir zentriert zu sein."

Einmal kam ein kleiner Junge namens Tim vorbei. Er war auf dem Weg zum Sommerprogramm der Grundschule in der Nähe der Farm. Thomas begrüßte Tim: „Wie geht es Dir heute?" Der kleine Junge sah ihn an und schwieg eine

Weile. Dann antwortete er: „Gut. Ich fühle mich heute Morgen mit Gott verbunden." Thomas war neugierig. „Woher weißt Du, dass Du mit Gott verbunden bist?" Der Junge zeigte auf seinen Bauch und sagte: „Immer, wenn ich meinen Nabel sehe, erinnere ich mich an einen Traum, den ich hatte, als ich noch im Bauch meiner Mutter war: Ich träumte, dass ich mit einer langen Schnur mit Gott im Himmel verbunden bin." Thomas erinnerte sich daran, was er auf der Campingplattform für sich realisiert hatte. Er war berührt von dem, was der kleine Tim ihm erzählte.

Zwei Monate später arbeitete Thomas in einem veganen Restaurant. Also er so in der Küche stand und Knoblauch schälte, fühlte er sich irgendwie jetzt selbst sehr mit Gott verbunden. Er war sehr zufrieden und voller innerer Ruhe. Es war eine tiefe Erfahrung für ihn an die er sich immer erinnern würde.

Thomas saß weiterhin täglich im stillen Gebet. So geerdet in Gott nahmen seine Unsicherheiten und Sorgen um die Zukunft allmählich ab. Er konnte sich mehr auf das Hier und Jetzt konzentrieren und er lernte wertzuschätzen, wer er war. Er machte auch weiter mit der Psychotherapie, aber war nicht mehr abhängig davon.

Spirituelle Praxis

(1) Wo fühlen Sie sich geerdet und was hält und leitet Sie?

(2) Wie pflegen Sie dieses Geerdet-sein?

(3) Wie laden Sie Gott, Jesus oder den Heiligen Geist ein, Ihre Seele zu nähren?

Gebet

Gott, ich möchte mein Leben in Dir gründen und von Dir genährt werden. Hilf mir, Freude an einer regelmäßigen Gebetspraxis zu finden.

(3)

Wie Marlin sich in Brian selbst erkennt und ihr Leben neu ausrichtet

„Herr, möge ich mich selbst kennen damit ich dich erkenne."

Augustinus (354–430)

Marlin war eine charmante, 37-jährige, unverheiratete Buchhalterin. Sie stellte oft infrage, ob ihre jetzige Arbeit der richtige Beruf für sie sei. Sie vermisste darin die menschliche Nähe und ein Miteinander, aber der Job gab ihr finanzielle Sicherheit.

Sie nutzte ihren Verdienst, um möglichst viel zu Reisen, zu gleich fühlte sie sich durch das viele Wegsein aber auch entwurzelt. Äußerlich konnte sie mit allem gut umgehen, aber innerlich fühlte sie sich nicht mehr mit Gott verbunden. Sie konnte dieses tiefe Gefühl der Leere nicht mehr wegschieben. Sie nahm sich vor, eine spirituelle

Begleiterin zu suchen, um mit ihrer Hilfe ihre eigentliche Berufung heraus zu finden.

Sie verglich ihr derzeitiges Leben gerne mit einer langen Busfahrt. Der Fahrer fuhr sie an vielen Orten vorbei, während sie bequem im Bus saß. Sie erlebte die Welt nur, wie sie an ihr vorbeiging. Sie hatte kein Interesse daran, auszusteigen und die Welt selber zu erkunden. Sie hörte nicht zu, wie Menschen weinten. Sie nahm am Leben nur aus der Ferne teil.

Wann immer die Welt sie aber forderte, schloss sie ihre Ohren: „Ich bleibe lieber dort, wo ich bin, unbeteiligt. Ich möchte mich von nichts und niemandem stören lassen. Lasst mich in Ruhe." Es war, als ob eine unsichtbare, dicke Mauer zwischen ihr und der Welt stand.

Eines Tages hatte Marlin eine interessante neue Begegnung. Sie traf Brian. Er schien ein noch komfortableres Leben zu führen, als sie es tat. Sie war neugierig und fühlte sich langsam aber stetig zu ihm hingezogen. In einem gemütlichen Café tranken sie Tee und erzählten sich gegenseitig, wie sie das Leben sahen. Sie spürten, dass sie ähnlich dachten. Sie verstanden sich.

Je mehr Marlin aber Brians Welt kennenlernte, desto mehr war sie von seiner Einstellung zum Leben irritiert. Er schien ihr ziemlich abhängig von anderen zu sein. Es war, als ob andere Menschen nur dafür existierten, seine Bedürfnisse zu erfüllen. Er schien keine eigene Verantwortung übernehmen zu wollen. Einmal erzählte er ihr, dass er als Kind sehr vernachlässigt wurde. Marlin dachte bei sich, vielleicht weigerte er sich deshalb, jetzt als verantwortungsbewusster Erwachsener zu leben. In ihren Augen verhielt er sich wie ein 5-jähriger Junge.

Langsam aber sicher wurde sie ärgerlich auf ihn: „Wie kann er sich nur so unverantwortlich für sein eigenes Leben fühlen?" Doch dann wurde sie auch traurig. Zuerst war er ihr wie eine farbenfrohe und attraktive kleine Kiste vorgekommen. Aber jetzt war die Kiste fahl geworden. Denn als sie die Kiste öffnete, war sie voller Bitterkeit, Hass, Schuldzuweisungen und Vermeidung. Marlin begann, sich innerlich von ihm zu verabschieden. Aber je mehr sie versuchte, ihn zu vergessen, desto stärker wurde ihre emotionale Bindung zu ihm. Schließlich wusste sie nicht mehr, was sie tun sollte.

Marlin bat ihre Freundin Jean um Rat. Jean hatte eine komplizierte Ehe u.a. mithilfe von viel beten überwunden. Jean sagte zu Marlin: „Bete doch mal dafür, dass Deine eigenen Wunden heilen, und nicht so sehr für Brian." Marlin war ziemlich überrascht von dieser Idee. Aber sie fing jetzt tatsächlich an, im Gebet zu erstmal an ihr eigenes Wohlbefinden zu denken. Ab und zu nur schloss sie auch Brian noch mit ein.

Im Laufe der Zeit vertiefte sich ihr Beten. Sie merkte, was sie in ihrem Leben ändern müsste. Sie erkannte, dass Brian eigentlich ihre eigenen Seelenschmerzen widerspiegelte. Auch sie erfuhr viel Leid als Kind. Sie wuchs bei ihren Großeltern auf und fühlte sich von ihren Eltern verstoßen. Sie verstand Brians Verhalten jetzt eher als einen Hilferuf um seinem eigenen Elend zu entkommen.

Marlin spürte, wie ähnlich sein tiefer Schmerz mit ihrem war. Ihr Mitgefühl für Brian bewirkte in ihr eine neue

Liebe zu Gott. Im Beten erkannte sie, wie sehr sie von Gott weggelaufen war. Sie wusste, dass auch sie wie Brian alles schmerzhafte lieber vermied. Aber dieses Mal blieb sie stehen, drehte sich um und sagte: „Gott, hier bin ich. Ich höre auf, von Dir wegzulaufen." Marlin wachte aus Ihrer Taubheit gegenüber der Welt auf.

Sie fing an, ihren Freundinnen und deren Schmerzen zuzuhören. Sie hörte auch Leuten zu, die sie gar nicht kannte. Sie nahm an Gebetsgruppen teil. Es entwickelte sich in ihr ein Mitgefühl für andere. Die Mauer, die sie von der Welt getrennt hatte, bröckelte.

Ein paar Wochen später traf sie sich wieder mit Jean. Sie erzählte ihr, dass sie in ihrer Arbeit gekündigt hatte. Sie musste jetzt nicht mehr vor ihrem eigentlichen Selbst fliehen.

Spirituelle Praxis

(1) Wie haben Sie auf Ungerechtigkeiten und Schmerzen in ihrem eigenen Leben reagiert? Haben Sie sie akzeptiert, vergraben, vermieden, verneint oder sind Sie weggelaufen?

(2) Wie haben Sie Ihren Schmerz gegenüber anderen, der Gesellschaft, und gegenüber Gott zum Ausdruck gebracht?

(3) Setzen Sie sich in Stille hin und achten Sie darauf, was in Ihnen so hochkommt. Wenn Sie dann bereit sind, erzählen Sie Gott ehrlich, was in Ihnen aufkam.

Gebet

Gott, bitte hilf mir zu lernen, auf Wunden so zu reagieren, dass es Leben und Beziehungen ermöglicht, anstatt Trennung.

(4)

Ich gebe Raum.
Dadurch bekomme ich Raum

*„Wenn wir eine Situation nicht mehr ändern kön-
nen, dann sind wir gefordert uns selbst zu ändern."*

Viktor Frankl (1905–1997)

Die Familie von Sarah war traumatisiert: Kürzlich war ihre geliebte Schwester an Krebs gestorben, und einige Tage danach hatte Sarahs Mann Peter
einen schweren Autounfall. Er erholte sich zwar, langsam,
fiel aber in eine Depression und konnte deshalb nicht zur
Arbeit gehen. Er kümmerte sich kaum noch um sein Aussehen und wollte keine Leute mehr treffen. Er wurde immer mehr von seiner Frau abhängig. Er hatte immer mehr
Angst, als Ehemann und Vater unzulänglich zu sein.

Ein paar zusätzliche Ereignisse setzten Sarah noch
mehr zu. Sie bekam einen Hautausschlag am ganzen Rücken. Sie weinte oft. Wann würde endlich Friede in ihr Leben zurückkehren?

Sarah gehörte einer Gebetsgruppe an. Sie hatte auch eine Seelsorgerin, eine spirituelle Begleiterin. Ihre Familie, und besonders ihre Mutter, kümmerten sich um sie und gaben ihr Rat. Trotz aller Unterstützung schien es aber, als ob die Depression ihres Mannes nicht zu heilen wäre.

Dann bekam sie die Möglichkeit einer besonderen Erfahrung: Sie war Künstlerin und wurde eingeladen, eine Woche lang in New York Kunststudierende zu unterrichten und ihre eigenen Werke in einer Galerie auszustellen. Kunst war ihre Leidenschaft. Aber Sarah zögerte. Peters Depression hatte ihn so abhängig von ihr gemacht. Er erwartete von ihr, alle seine Bedürfnisse zu erfüllen und ihn so viel wie möglich zu begleiten, alles während sie sich auch noch um ihre beiden Kinder kümmern musste. Sarah sorgte sich, ob er in ihrer Abwesenheit für sich selbst und für die Kinder sorgen könnte. Aber sie wollte auch ihr Schaffen als Künstlerin weiterentwickeln. New York, welche geniale Gelegenheit für sie!

Trotz aller Zweifel, und nachdem sie alles mit Peter besprochen hatte, buchte sie ihren Flug. Vor ihrer Abreise war sie noch sehr beschäftigt. Hoffentlich würde sie alles so gut vorbereiten können, dass es Peter leichter fallen würde, Hausarbeiten zu erledigen und für die Kinder dazusein, auch ohne sie.

Dann verbrachte sie ihre Woche in der großen Stadt. Sie war sehr glücklich mit ihren Studentinnen und Studenten und genoss es, mit ihnen zusammenzuarbeiten. Ihre eigenen Kunstwerke in einer Galerie wurden sehr gut aufgenommen. Sie fühlte sich stärker als seit vielen Jahren.

Auf dem Rückweg dann war sie neugierig, wie ihr Mann und ihre Kinder wohl ohne sie ausgekommen waren.

Zu Hause angekommen, beschwerte sich ihr Mann überhaupt nicht. Im Gegenteil, Peter sorgte sich jetzt besser um sich selbst. Sarah merkte, dass irgendetwas mit ihm passiert war. Er rasierte sich wieder und sie hatte Gefallen an seinem hübschen Gesicht. Sein langes ungepflegtes Haar war nun kurz und er sah jung und charmant aus. Als sie ihn fragte, wie denn die Woche ohne sie gelaufen war, antwortete er: „Ich habe unsere Töchter um Hilfe gebeten. Ich habe ihnen gesagt, Papa braucht jetzt eure Hilfe. Und sie haben wirklich auf mich gehört und wir haben uns gegenseitig geholfen. Alles lief gut." Während er sprach, spürte Sarah, dass eine neue Energie in ihm war. Was für eine überraschende Antwort!

Sarah wurde neugierig, wie es wohl zu diesem Wandel gekommen war. Sie hatte für ihren Mann gebetet, damit er die Situation meistern können würde und auch aus seiner Depression herauskäme. Sie konnte es sich zwar nicht genau erklären, aber es kam ihr ein Satz, der für sie wie ein Hinweis darauf war, warum Peter sich geändert hatte: Gebe ihm Raum.

Sie erkannte, dass sie ihm mehr Freiraum geben musste, damit er selbständiger würde.

Später sah Sarah ihre Seelsorgerin wieder. Sie erzählte: „Die Beziehung mit meinem Mann glich wie zwei Bäumen, von denen einer sich an den anderen lehnte. Der sich lehnende Baum verlor immer mehr an eigener Kraft. Ich glaube, ich muss mehr Vertrauen in meinen Mann haben und in das, was er kann. Auch, wenn er mal was nicht schafft. Ich kann ihn nicht ständig an der Hand halten damit er nur ja nicht fällt. Und selbst wenn er mal hinfällt, dann lernt er eben wieder aufzustehen." Dann machte sie eine Pause. „Ich sah mich auch selbst. Ich möchte auch mir selbst mehr vertrauen. Damit er Dinge auch ohne meine Hilfe gut machen kann."

Sarah erkannte, dass ihre Woche in New York es ihrem Mann Peter ermöglichte, sich selbst mehr zu trauen. Und sie selbst hatte jetzt mehr Raum sich zu entfalten. Ihre Kunst wurde immer tiefgründiger und Peter bekam seine Depression besser in den Griff.

Spirituelle Praxis

(1) Wie reagieren Sie auf die Bedürfnisse Ihrer Familienmitglieder, Freunde oder anderer?

(2) Was hält Sie davon ab, die Stärken anderer zu sehen?

(3) Wie könnten Sie in Ihnen selbst und in anderen Vertrauen nähren?

(4) Verbringen Sie 15 Minuten in Stille oder im Gebet, und schreiben Sie auf oder zeichnen Sie, was in Ihnen zum Thema Vertrauen hochkommt.

Gebet

Schöpfergott, Schöpfergöttin, führe mich, wenn ich erkunde, welche Talente meine und welche die anderer sind. Hilf mir, Dir und mir mehr zu vertrauen, damit ich eine Mitschöpferin und ein Mitschöpfer mit Dir sein kann. Lass mich Kraft und Schönheit aus mir und anderen schöpfen.

Julias innere Stimme führt sie weiter

„Für alles gibt es eine Stunde, und Zeit gibt es für jedes Vorhaben unter dem Himmel: Zeit zum Gebären und Zeit zum Sterben, Zeit zum Pflanzen und Zeit zum Ausreissen des Gepflanzten, Zeit zum Töten und Zeit zum Heilen, Zeit zum Einreissen und Zeit zum Aufbauen, Zeit zum Weinen und Zeit zum Lachen, Zeit des Klagens und Zeit des Tanzens."

Prediger 3,1–4 (ZB)

Julia wuchs in einer katholischen Familie auf. Seit ihrer Kindheit war sie sportlich und liebte bildende Kunst, vor allem Malerei. Sie arbeitete für eine Werbefirma und versuchte, ihre künstlerische Begabung auf diese Weise auszuleben. Aber irgendwie passte das nicht. Ihre Gabe zu malen war eine andere als die, die man für Werbung brauchte. Immer mal wieder beschwerte sie sich über ihr Leben und sagte, dass es nirgendwo hinführte.

Gleichwohl, sie hatte viel Humor. Als jüngstes von fünf Geschwistern fühlte sie sich oft unsichtbar und versuchte, mit Humor Aufmerksamkeit zu bekommen, auch jetzt als Erwachsene. Zugleich aber verspürte sie hinter ihrem Humor tiefe Traurigkeit und Misstrauen gegenüber dem Leben.

Ein weiterer Stein im Weg von Julias Entwicklung war der Tod ihres geliebten Vaters, als sie noch sehr jung war. Ihre Mutter wandte sich in ihrer Trauer dem Alkohol zu. Sie wurde abhängig von Julia und belastete sie oft mit ihrer Traurigkeit. Wenn die kleine Julia sah, wie ihre Mutter litt, konnte sie es nicht verstehen: „Wie kann ein guter Gott meiner Mutter und mir meinen Vater wegnehmen, wo wir ihn so sehr brauchten?"

Julia erlitt auch andere traumatische Vorfälle. Einmal fiel sie von ihrem Lieblingspferd und war eine Zeit lang gelähmt. Mit Glück erholte sie sich und konnte wieder ein normales Leben führen. Ein anderes Mal wurde sie bewusstlos auf dem Küchenboden mit gefährlich niedrigem Blutdruck gefunden und in die Notaufnahme gebracht.

Sie fühlte sich so, als ob das Universum sie nicht unterstützte und dass, wenn sie nicht auf sich selbst achtete, ihr etwas Schweres zustoßen würde. Sie sagte: „Ich kann Gott nicht erlauben, Verantwortung für mein Leben und meine Familie zu übernehmen. Ich kann einem so unverantwortlichen Gott einfach nicht trauen."

Ihr Misstrauen gegenüber Gott begann sich zu ändern, als sie langsam die Idee annahm, dass, wenn traumatische Dinge passieren, Gott nicht die Schuld zu geben war. Dennoch kämpfte Julia weiter mit gegensätzlichen Stimmen in sich selbst: Die Stimme des kleinen Mädchens Julia und die Stimme der Erwachsenen Julia. Die Stimme des kleinen Mädchens hielt sie auf vergangene Erfahrungen fixiert und machte sie ängstlich.

Sie entwickelte immer mehr den Wunsch, alles zu kontrollieren. Alles musste geplant werden, um einen weiteren Schock zu verhindern. Die Angst hielt sie davon ab, sich in ihrem Leben weiterzuentwickeln. Sie hatte zum Beispiel Angst, lange Reisen weg von zu Hause zu unternehmen. Sie blieb viel lieber in ihrem Haus. Sie baute es um und legte einen schönen Garten an. Das Haus war ihre Schutzzone, in der sie Ruhe und Sicherheit finden konnte.

Auf der anderen Seite forderte die erwachsene Stimme sie immer wieder auf, herauszukommen und mutig ein neues Leben zu führen. Aber wenn sie ihrer erwachsenen Stimme folgen wollte, kritisierten ihre Geschwister sie schnell als zu abenteuerlich.

Eines Abends hatte sie starke Schmerzen in ihrem Kreuzbein und ihrer Hüfte. Sie konnte kaum gehen. Es schien so, als ob der Schmerz ihr sagte, dass es an der Zeit war, etwas zu unternehmen.

Julia besuchte ihre Freundin Kimberly, die ganzheitliche komplementäre Medizin praktizierte. Kimberly hörte sich ihre Geschichte an und fragte Julia dann: „Wie könnte die mutige Erwachsene Julia das ängstliche Mädchen Julia leiten?" Julia sagte: „Ich brauche gar nicht mehr von der Stimme des kleinen Mädchens kontrolliert zu werden. Die erwachsene Stimme sollte mich doch jetzt leiten." Das war für sie eine tiefe Erkenntnis.

Während sie eines Nachmittags im Garten arbeitete, hörte sie eine klare Stimme von innen, die fest zu ihr sprach: „Du musst der Wahrheit ins Auge sehen. Du kannst das. Du bist eine fähige und starke Frau." Es war ihre erwachsene Stimme. Es könnte Gottes Antwort auf ihre vielen Gebete gewesen sein, dachte sie sich. Sie nahm diese Stimme als ihr wahres Selbst an.

Änderungen begannen stattzufinden. Sie begann zu glauben, dass, wenn sie mit ihrer erwachsenen Stimme betete, ihre Wünsche eher beantwortet werden könnten. Sie las in der Bibel die Geschichte, wie Jesus Lazarus vom Tod auferweckte, aber sie erkannte, dass sich manches einfach nicht verwirklichen ließ, so wie ihre Gebete als kleines Mädchen dafür, dass ihr Vater wiederkommen möge. Als erwachsene Frau betete sie für realistische Dinge.

Dann wurde ihrem Mann eine neue Stelle angeboten, weshalb er in eine andere Stadt ziehen musste. Er freute sich über diese Chance. Er war schon seit einiger Zeit arbeitslos gewesen. Julia war jedoch traurig, weil sie nicht alles zurücklassen wollte – ihr geliebtes Haus, Freunde und ihre nahen Geschwister. Aber sie mochte auch nicht in ihrer Entwicklung stecken bleiben.

Nachdem sie mit Gott gebetet hatte, dachte sie, dass dies jetzt vielleicht der Zeitpunkt sein könnte, um den mutigen Schritt zu wagen, aus ihrer Schutzzone herauszukommen. Gleichwohl wusste sie noch nicht, was sie in ihrem neuen Zuhause tun würde, während ihr Mann zur Arbeit gehen würde. Eher widerwillig begann sie, selbst nach Jobs zu suchen.

Überraschenderweise bekam sie die Möglichkeit, sich für eine Stelle in der gleichen Stadt zu bewerben, in der ihr Mann arbeitete. Sie hatte keine große Hoffnung, aber nach mehreren Interviews öffnete sich eine Tür für sie. Sie sagte: „Wir beteten lange dafür, dass sich die Türen für neue Arbeit öffnen würden. Es ist vielleicht kein Zufall, dass wir jetzt beide neue Jobs haben und sogar in derselben Stadt."

Julia und ihr Mann zogen in die neue Umgebung. Als sie gar nicht damit gerechnet hatte, führte Julias innere Wahrheit sie zu einem neuen Leben.

Spirituelle Praxis

(1) Haben Sie das Gefühl, dass Sie in Ihrem Leben stecken geblieben sind?

(2) Welche Hemmnisse hindern Sie daran, sich weiterzuentwickeln?

(3) Was ist Ihr Bild von Gott? Ist es befreiend oder ein Hindernis?

(4) Nehmen Sie sich etwas Zeit, um über Ihre Ängste und Wünsche zu beten.

Gebet

Gott, Du machst Neues möglich. Hilf mir, dass ich Deine Stimme von meiner oder der anderer unterscheiden kann. Gib mir den Mut, auf Deine Stimme in mir zu reagieren und einen neuen Weg in meinem Leben zu gehen, mit weniger Angst.

(6)

Ein Brief, der Freude bringt

"Denn ich bin gewiss: Gott war in Christus und ver-
söhnte die Welt mit sich, indem er den Menschen
ihre Verfehlungen nicht anrechnete und unter uns
das Wort von der Versöhnung aufgerichtet hat."

2 Korinther 5,19 (ZB)

Jin lebte im Süden von Südkorea. Seine Mutter und seine Schwester lebten in einem kleinen, alten Haus. Es war abbezahlt. Aber eines Tages informierte sie die Stadtverwaltung, dass ihr Haus abgerissen werden solle, um Platz für neue Hochhäuser zu machen.

Die Mutter und Schwester zogen alsbald in eine moderne Wohnung in der Nähe. Viele Andenken und Erinnerungen blieben freilich in dem alten Haus zurück. Später dann aber strich die Stadt die Pläne für die neue Wohnsiedlung. Mutter und Schwester blieben trotzdem in dem neuen Apartment. Es war sehr bequem. Das alte Haus blieb leer.

In der Zwischenzeit war Jin unerwartet in finanzielle Schwierigkeiten geraten. Auch seine Ehe ging langsam auseinander. Um zu sparen, wollte Jin in das alte Haus zurückziehen. Und Jin hatte noch weitere Probleme. Er fühlte sich von seiner Mutter nicht geliebt. Er hatte sich auch mehr Liebe von seiner Frau erhofft, doch die Ehe endete nun im Streit. All dies tat ihm sehr weh. Noch dazu wurde sein Verhältnis zu seiner Tochter immer schlechter. Sie konnten sich kaum noch unterhalten.

Glücklicherweise fand er eine neue Arbeit. Er musste kleine Teile für Autos zusammensetzen, nachts, acht Stunden lang. Das war nicht einfach, aber die Arbeit gefiel ihm. Meist war er alleine. Er hörte christliche Musik dabei, Predigten und Erzählungen einzelner Menschen von ihrem Glauben. Dadurch fing er an, über sein eigenes Leben nachzudenken.

Etwas begann, sich in seinem Leben zu ändern. Er fing an, nach der Arbeit am frühen Morgen an einem Gebetsgottesdienst teilzunehmen. Er legte seine Sorgen vor Gott dar und bat um Gottes Führung und Schutz für seine Tochter und seine jetzt ehemalige Frau. Er bedauerte seine Scheidung und erkannte, wie sehr dadurch alle verletzt waren, auch er selbst. Er bat Gott um Vergebung. Jeden Morgen bat er Gott innig, seine Tochter, seine ehemalige Frau und sich selbst zu heilen.

Jin begann, das alte Haus zu renovieren. Er reparierte geborstene Wasserleitungen, Löcher in der Decke, und errichtete Treppenstufen, um auf das flache Dach zu gelangen. Er war ein guter Handwerker und sparte dadurch viel Geld. Im kleinen Vorgarten zog er einen Granatapfelbaum auf. Gedanken an seine Kindheit kamen in ihm hoch. So gab ihm das alte Haus einen Ort des Friedens. Das Haus wurde ihm sehr lieb.

Leider aber hatte Jin immer wieder Streit mit seiner Mutter. Es schmerzte ihn jedesmal, wenn sie seine vermeintlichen Fehler aufzählte.

Eines Nachmittags brachte der Postbote einen Brief zu dem alten Haus, der an die Mutter adressiert war. Das Schreiben war vom Sozialamt. Anscheinend hatte der Postbote schon ein paar Jahre lang vergeblich versucht, den Brief persönlich zuzustellen. Niemand war ja in dem leeren Haus gewesen. Jin öffnete den Umschlag und las, dass seiner Mutter ein kleiner monatlicher Beitrag zustand. „Was für eine tolle Sache für sie," dachte er sich. Er hatte sich oft schuldig gefühlt, weil er seine Mutter finanziell nicht so richtig unterstützen konnte.

Der Brief erklärte die verschiedenen Schritte, die nötig waren, damit die Mutter das Geld monatlich erhalte würde. Zuerst sollte sie persönlich im Sozialamt erscheinen. Der zweite Schritt dann war aber ungewöhnlich. In früheren Zeiten war es in Korea üblich, statt handschriftlich zu unterschreiben, einen sogenannten Unterschriftsstempel zu haben. Jeder Stempel war für den jeweiligen Besitzer oder die Besitzerin individuell angefertigt und galt als rechtliche Unterschrift. Die Mutter wurde nun aufgefordert, im Sozialamt mit ihrem persönlichen Stempel zu unterschreiben. Nur hatte sie ihren schon lange nicht mehr. Jin dachte es würde sehr schwer werden, heute noch jemanden zu finden, der einen neuen Unterschriftsstempel anfertigen könnte. Niemand benutzte mehr solche Stempel. Jin betete, Gott möge seiner Mutter helfen können, doch irgendwie das Geld vom Sozialamt zu bekommen.

An einem sonnigen Freitag brachte er seine Mutter dann zu dem Termin beim Sozialamt. Sie war mittlerweile über 80 Jahre alt und recht schwach. Aber sie freute sich natürlich über die gute Nachricht mit dem Sozialbeitrag. Nach dem Termin gingen sie gemeinsam zum Mittagessen in ihr Lieblingsnudellokal. Sie erzählte Jin viel aus seiner Kindheit und von seinen Großeltern. Anschließend eröffnete er ihr ein Bankkonto. Es war das erste eigene Konto in ihrem Leben. Als Frau war sie bis dahin finanziell immer abhängig von ihrem Mann gewesen, auch wenn sie schon lange von ihm in Trennung lebte.

Jetzt galt es aber noch, einen neuen Unterschriftsstempel anfertigen zu lassen. Durch Zufall, oder vielleicht Gottes Fügung, wie Jin dachte, fand er bald einen kleinen Laden, an dem ein Schild stand mit den Worten „Hier Unterschriftsstempel". Und mehr noch: Wie durch ein Wunder kannte der Stempelhersteller die beste Freundin von Jins Tochter.

Wieder zu Hause dachte Jin zurück: „Was für ein besonderer Tag. Mit meinem regelmäßiges Beten konnte ich helfen und wurde mir geholfen. Jedenfalls fühlt es sich so an."

Nach ein paar Monaten wurde seiner Mutter der erste Beitrag vom Sozialamt auf ihr eigenes Konto überwiesen. Jin rief sie an und sagte: „Mutter, das erste Geld ist angekommen!" Er konnte die Freude in ihrer Stimme hören. „Hab vielen Dank, mein Sohn." Für ein paar Augenblicke hielt Jin in Stille inne. Er dankte Gott, dass Gott ihm bei seinen inneren Konflikten zugehört und ihn ermutigt hatte, eine neue, bessere Beziehung zu seiner Mutter aufzubauen.

Mit leiser Stimme sagte Jin zu sich selbst: „Gott hört zu."

Spirituelle Praxis

(1) Können Sie sich an ein besonderes Erlebnis erinnern, das Ihre Sorgen milderte? Wie lief es ab?

(2) Wie spürten Sie Gottes Gegenwart in diesem Erlebnis?

(3) Sie können Ihre Sorgen vor Gott auslegen. Spüren Sie hin, wie Gott sie vielleicht leiten kann.

Gebet

Gott, wir legen unsere Sorgen vor Dir aus. Danke, dass Du sie hörst. Hilf uns, unsere spirituellen Augen zu öffnen, damit wir Deine Gegenwart im Alltag wahrnehmen.

(7)

Was Elaine eigentlich gesucht hat

„Denn wo euer Schatz ist, da wird auch euer Herz sein."

Lukas 12,34 (ZB)

An der Universität traf Elaine John. Sie studierten beide Medizin und wurden in einem Praxiskurs demselben Projekt zugeteilt. Während sie gemeinsam arbeiteten, spürte Elaine Johns ehrliches und aufrichtiges Herz wenn sie sah, wie er sich um Patienten und andere kümmerte.

John erzählte Elaine, dass er einmal daran gedacht habe, Gott als Priester zu dienen, aber sein Weg führte ihn dazu, Medizin zu studieren und Arzt zu werden. Als fromme Katholikin wünschte sich Johns Mutter Mary dennoch, er wäre Priester geworden.

Elaine spürte Johns besondere Aufmerksamkeit und Zuneigung für sie. Auch sie fühlte sich zu ihm hingezogen, aber sie wusste nicht, wie sie ihre Zuneigung zu ihm ausdrücken sollte. So fingen sie nie so richtig an, miteinander auszugehen.

Trotzdem trug sie ihn in ihrem Herzen. Seine Wärme und tiefe Fürsorge für andere beruhigte ihre Seele. Sie fragte sich, woher seine fürsorgliche Natur kam.

Einige Jahre später dann heiratete John. Elaine und John trafen sich immer noch gelegentlich zusammen mit anderen College-Freundinnen und Freunden. Johns Leben schien äußerlich ziemlich perfekt zu sein. Er hatte Kinder, war ein angesehener Arzt und hatte eine schöne Frau. Aber er sah nie so richtig glücklich aus. Elaine fragte sich, wie es ihm wirklich ging. Sie sah immer noch einen Schatz in ihm, den sie sich nicht erklären konnte.

Eines Nachts erschien Elaine Johns Mutter Mary im Traum. Sie sah besorgt um ihren Sohn aus. Mary hielt Elaines Hände und bat sie um einen ungewöhnlichen Gefallen. „Elaine, Du solltest John nicht gehen lassen." Was für ein seltsamer Traum! Sie konnte die Bedeutung des Traums nicht verstehen. Bald vergaß sie ihn dann auch. Trotzdem hielt Elaine John immer wieder mal in ihren Gebeten und bat darum, dass seine Seele Frieden in Gott finden möge. Wenn sie so für John betete, fühlte sie sich irgendwie Jesus nahe.

An einem regnerischen Morgen saß sie in ihrem Büro und schaute aus dem Fenster. Ihre Freundin Nancy, eine gute Freundin von John, rief an, und erzählte ihr, dass Johns Mutter einen Herzinfarkt gehabt hatte und leider gestorben war. Sie lud Elaine zur Trauerfeier ein und fragte sie, ob sie zusammen hingehen wollten.

Elaine erinnerte sich an den Duft von frischem Vollkornbrot und den Geschmack von süßem Pfirsichkuchen, den Mary oft gebacken hatte. Sie seufzte: „Unglaublich. Mary ist nicht mehr hier."

Gemeinsam mit Nancy nahm sie an Marys Trauerfeier teil. Eine etwas düstere Atmosphäre umgab alles. Sie sah, wie John leise weinte. Er sah aus wie ein Vogel im Regen, mit durchnässten Federn. Sie fragte sich, wie John wohl mit dem plötzlichen Tod seiner Mutter umging.

Einige Monate nach Marys Tod hatte Elaine einen weiteren Traum. Darin ging es diesmal um ihre eigene Trauerfeier. Ein schwarzes Band umgab ein Photo von ihr. Aber obwohl sie tot war, begrüßte sie im Traum jeden Besucher an der Eingangstür ihres Hauses und führte sie ins Wohnzimmer. Sie trug ein langes schwarzes Gewand. Ihre Freunde erzählten sich, wie Elaine sich oft um sie gekümmert hatte und wie sehr sie sie vermissten.

John, für den sie immer noch liebevolle Gefühle hatte, kam spät. Nachdem er sie begrüßt hatte, band er seine Schnürsenkel und sah aus, als ob er schon wieder gehen wollte. Elaine war enttäuscht, dass er nur so kurz blieb. Im Traum fragte sie ihn: „Wohin gehst Du, John? Du bist doch gerade erst gekommen." Er schaute sie an und sagte: „Ich verlasse Dich. Du liebst mich nicht mehr." Als sie das hörte, war sie traurig, aber sie konnte ihn nicht davon abhalten zu gehen. Sie sah ihm nach, als er aus der Tür ging. Dann endete der Traum.

Später erzählte sie den Traum ihrer älteren Schwester Judy. Judy wusste, dass John in Elaines Augen nie glücklich schien. Elaine sagte: „Dieser Traum ist für mich sehr symbolisch, Judy. Was er im Traum sagte, stimmte. Trotz dieser Traurigkeit in ihm spüre ich seine tiefe und echte Wärme. Ich wollte ja immer wissen, woher diese Wärme stammt. Wie im Traum hatte ich Angst, dass er mich verlassen würde, bevor ich sein Geheimnis entdeckte. Jetzt weiß ich es: In John ist ein göttliches Licht. Es ist Jesus in ihm, und ich merke jetzt, wie sehr ich Jesus liebe. Es war nicht John, den ich liebte. John war wie eine Brücke, um mich zu Jesus zu führen. Ich bin dankbar für diesen Traum."

Elaine sah nach oben, als würde sie einen kleinen Vogel in ihrem Herzen frei davonfliegen lassen.

Spirituelle Praxis

(1) Welchen Schatz hüten Sie besonders in Ihrem Herzen?

(2) Achten Sie auf Ihre Träume und immer wiederkehrende Situationen. Was sagen diese zu Ihnen? Können Sie ihnen eine Überschrift oder einen Namen geben?

(3) Wo spüren Sie sich in einem unerfüllten Traum oder Wunsch von Gott geleitet?

(4) Nehmen Sie sich ein bisschen Zeit, verlangsamen Sie Ihre Gedanken, und hören Sie hin auf Ihre eigene, innere Weisheit. Welche Bilder oder Botschaften kommen in Ihnen hoch?

Gebet

Gott, Du Tröstende und Tröstender, Befreiende und Befreier, Enthüllende und Enthüller, hilf mir zu verstehen, wann und wie Du zu mir sprichst. Öffne mein Herz, um meine innere Weisheit zu hören.

(8)

Spirituelle Begleitung

„Und da waren am selben Tag zwei von ihnen unterwegs zu einem Dorf namens Emmaus, das sechzig Stadien von Jerusalem entfernt ist. Und sie redeten miteinander über all das, was vorgefallen war. Und es geschah, während sie miteinander redeten und sich besprachen, dass Jesus selbst sich zu ihnen gesellte und sie begleitete."

Lukas 24,13–15 (ZB)

Adelina, eine Vorschullehrerin, hatte schönes, lockiges rotes Haar. Es war für sie das Symbol ihrer Schönheit. Aber dann bemerkte Adelina, dass sie jedes Mal, wenn sie es wusch, eine Handvoll Haare verlor. Sie hatte Angst, ihren Freund zu verlieren denn er liebte ihre Haare. Aus Sorge rief sie Nicole an, die Ärztin für traditionelle chinesische Medizin war. Adelinas ältere Schwester kannte sie. Adelina fragte, ob Kräuter Haarausfall verhindern könnten.

Während ihres ersten Termins erzählte Adelina der Ärztin Nicole ihre Geschichte. Sie sprach von ihren inneren Konflikten, insbesondere ihrem geringen Selbstwertgefühl und ihrer Depression. Sie sagte, dass sie einen Psychiater hatte und Antidepressiva nahm. Ihre Familie unterstützte sie sehr. Nicole hörte aufmerksam zu. Beim Erzählen merkte Adelina, dass ihre wahre Sorge weder ihr Haarausfall noch ihre Schönheit war. Stattdessen hatte sie andere versteckte Ängste. Was sie eigentlich wollte, war ein freudiges Leben zu führen. Dies war für Adelina eine wichtige Erkenntnis.

Einen Monat nach ihrem Gespräch mit Nicole trennte sich Adelina von ihrem Freund. Er litt auch an Depressionen. Ihre eigene Depression kam wieder. Sie wurde in ein psychiatrisches Krankenhaus gebracht. Adelinas ältere Schwester ging zu Nicole und fragte sie, ob sie Adelina besuchen könne. Sie dachte, dass Adelina es bestimmt gerne hätte, wenn Nicole sie besuchen würde. Sie machten einen Termin in der psychiatrischen Klinik.

Adelina und Nicole setzten sich beide auf den Boden eines Gangs in der Klinik und Adelina erzählte, wie die Depression in ihr negative Gedanken hervorrief. Nicole hörte leise zu, ohne zu urteilen. Adelina schätzte Nicoles Besuch sehr.

Einige Tage nach ihrer Entlassung ging Adelina zu Nicoles Praxis. Die Akupunkturbehandlung entspannte sie und gab ihr Ruhe. Sie fühlte, dass Nicole sie verstand und sich aufrichtig ihrer annahm. Sie erzählte, wie negative, sehr strenge Stimmen ihr schlaflose, ängstliche Nächte gaben. Sie war froh über die Unterstützung ihrer Familie,

Freunde und Lehrerkolleginnen und -kollegen. Trotzdem, es war eine sehr schwierige Zeit für sie.

Nicole spürte Adelinas Leiden: „Das ist wirklich hart für Sie, Adelina. Ich weiß, dass Sie es so sehr versuchen. Möchten Sie vielleicht auch einen spirituellen Ansatz hinzunehmen? Was haben Sie zum Beispiel über Jesus gehört und wie er Menschen geheilt hat?"

„Ich habe von ihm als einem guten Mann gehört, der Menschen geholfen und sie geheilt hat. Aber ich kenne ihn nicht wirklich. Können Sie mir mehr über ihn erzählen?"

Adelina wollte wirklich etwas über Jesus erfahren. Sie wollte so sehr geheilt werden. Nicole holte eine Bibel aus ihrem Regal und bat Adelina, die Geschichte eines Mannes vorzulesen, der zwischen Gräbern lebte. Jesus hatte sich sehr darum bemüht, diesen isolierten und einsamen, gequälten Mann zu treffen. „Wie toll von Jesus, diesen Mann zu besuchen, der sich selbst so quält. Und er hat ihn sogar geheilt", sagte Adelina. Sie fragte Nicole: „Wie kann ich ihn persönlich mehr kennenlernen?"

Nicole schlug vor: „Sie können Jesus in Ihr Herz einladen und ihn bitten, in Ihnen zu wohnen und Ihr Begleiter zu sein." Adelina verstand nicht, wie sie Jesus in ihr Herz einladen sollte. Nicole bot ein Lied an: „In mein Herz, in mein Herz, komm in mein Herz, mein Jesus. Komm heute rein, komm rein und bleib, komm in mein Herz, mein Jesus."*

Adelina spürte, wie etwas Warmes sie emotional berührte. Sie war sehr dankbar für das Lied.

---

* Harry D. Clarke, 1924; gesungen von Kwang-hee Park in einem Video auf ErfahreneHeilung.de

Langsam gewann Adelina Zugang zu einer Spiritualität, in der sie ein bisschen inneren Frieden spürte. Sie fand eine Gebetsgruppe in der Nähe der Vorschule, in der sie arbeitete. Meist saß sie alleine während die anderen in einem Kreis Lieder sangen. Aber sie sang mit. Dadurch, und mithilfe von Antidrepressiva, konnte Adelina ihre Tätigkeit als Lehrerin wieder aufnehmen. Sie war eine wunderbare Lehrerin, die sich wirklich und aufrichtig um die kleinen Kinder kümmerte. Und trotzdem: Auch wenn sie jetzt immer mal wieder in sich Frieden spürte, so litt sie doch weiterhin unter schweren Depressionen. Sie wurde gequält von einer inneren Stimme, die ihr nach dem Leben trachtete. Sie hatte besonders Angst, wenn sie die Stimme hörte und dabei allein war.

Gegen Ende des Jahres dann rief Adelinas Schwester Nicole an. Adelinas Depression hatte sie dazu geführt, sich ihr Leben zu nehmen. Ihre Familie war in tiefer Trauer. Nicole hatte Tränen in den Augen: „Es tut mir so leid, das zu hören. So traurig. Sie war noch so glücklich gewesen, die kleinen Kinder wieder zu unterrichten." Adelinas Schwester lud Nicole zum Gedenkgottesdienst ein.

Während der Andacht konnte Adelinas Vater vor Trauer den Brief, den er an seine geliebte Tochter geschrieben hatte, nicht selbst lesen. Alle waren berührt von ihrer Sammlung kleiner Blumen, kleiner Steine und kleiner gestrickter Puppen. Adelina liebte sehr kleine Dinge. Sie liebte es, sich um kleine Kinder in der Vorschule zu kümmern. Vielleicht schien diese Welt zu groß für sie zu sein.

Nach dem Gottesdienst gab es eine Art Abschiedsfeier für ihre Familie, Freunde, Lehrerinnen und Lehrer, und

Nachbarn. Adelina hatte ja ab und zu ihre Nachbarn zum Essen eingeladen. Jetzt war es, als ob die Feier mit dem Essen, der leisen Musik und dem Zusammensein Adelinas letztes Geschenk für ihre Lieben war.

Adelina hinterließ Nicole einen kleinen Zettel: „Eine wahre Heilerin. Alles Liebe, Adelina." Nicole wünschte, sie hätte Adelina noch mehr Aufmerksamkeit geschenkt und sich noch öfter bei ihr erkundigt, wie es ihr ging.

Ihre Schwester und ihre Familie schätzten Nicoles spirituelle Begleitung sehr. Sie wussten, dass es viel Zeit und Aufmerksamkeit bedarf, bis jemand, der oder die von einer schweren Depression betroffen ist, durch geistliches Heilwerden etwas Erleichterung finden kann.

Spirituelle Praxis

(1) Haben Sie sich schon mal nach spiritueller Begleitung gesehnt als es Ihnen gar nicht gut ging?

(2) Wen möchten Sie gerne als spirituelle Begleiterin oder Begleiter auf Ihren Weg einladen?

(3) Sitzen Sie in Stille. Hören Sie Ihren Gedanken, Gefühlen und inneren Bildern zu, vielleicht mit dem geistlichen Begleiter oder geistlichen Begleiterin. Wie spüren Sie, dass Ihr spiritueller Weg Sie bereichert und vielleicht sogar heilt?

(4) Wie könnten Sie jemanden unterstützen, der oder die sehr verzweifelt ist?

Gebet

Jesus, ich möchte mein Leben voll und freudig leben. Hilf mir, mich so zu lieben, wie ich bin. Sei mein spiritueller Begleiter. Ich lade Dich ein, in mein Herz zu kommen und bei mir zu bleiben.

(9)

Die Nacht, in der Jesus zu Besuch kam

„Nach acht Tagen waren seine Jünger wieder drinnen, und Thomas war mit ihnen. Jesus kam, obwohl die Türen verschlossen waren, und er trat in ihre Mitte und sprach: Friede sei mit euch!"

Johannes 20,26 (ZB)

Jakob studierte Theologie. Mit seiner Freundin Anna hatte er eine gute Beziehung, auch wenn sie die Hälfte des Jahres weit auseinander wohnten. So langsam hatte er das Gefühl, sich entscheiden zu müssen, ob er Anna heiraten möchte. Nicht zuletzt tickte die biologische Uhr. Er war sich innerlich aber sehr unsicher.

Immer wenn etwas geschah, das ihm sehr wichtig war, fühlte er ihre Gegenwart. So war es zum Beispiel, als sein 93 Jahre alter Großvater zu einem langen Flug aufbrach, um ferne Enkel zu besuchen, und Jakob ihn an den Flughafen brachte. Jakob stellte sich vor, Anna seinem Großvater vorzustellen. Wie besonders das wäre!

Ein anderes Mal ging es ihm so bei der Hochzeit seines Bruders. Seine ganze Familie war da. Alle tanzten und sangen und feierten das neue Ehepaar. Jakob wünschte sich, auch Anna könnte dabei sein. Wieder spürte er bei einem wichtigen Ereigniss ihre geistige Anwesenheit. Er konnte die tiefe spirituelle Verbindung mit ihr nicht leugnen und das führte ihn immer wieder zu ihr zurück, auch dann, wenn er meinte, er müsse sie gehen lassen.

Es gab da aber ein paar Dinge, die ihn daran hinderten, einfach „Ja" zu sagen. Zum Beispiel: Als Mitglied einer presbyterianischen Kirche gab Anna zehn Prozent ihres Verdienstes an die Gemeinde. Es war Anna wichtig, dass es zehn Prozent waren. Jakob dachte sich: „Die Hälfte davon wäre mehr als genug." Ihre vielen Spenden an die Kirche und ihre enge Beziehung zu Jesus fielen Jakob nicht einfach. Anders als Anna hatte er keine besonders enge Beziehung zu Jesus entwickelt. Er schätzte Jesus sehr als moralisches Vorbild und als Freund. Trotz dieser Unterschiede zwischen Anna und ihm war er aber bereit, zu erkunden, ob sie heiraten wollten.

Dann bekam Jakob die Möglichkeit, für drei Monate im Ausland in einer Kanzlei als Sekretär zu arbeiten. Während dieser Zeit wohnte er in einem katholischen Studentenheim. Im Erdgeschoss war eine Kapelle, deren Schlichtheit ihm sehr gefiel. Der Raum war fast rund. Es gab keinen Schmuck, nur weiße Wände, hellgraue Bänke, ein paar Kerzen und Blumen. Nahe beim Altar stand ein Kruzifix. In dieser Kapelle betete Jakob viele Stunden.

Jeden Tag saß er schweigend vor dem Kreuz. Manchmal vergingen zwei bis drei Stunden, die er tief im Gebet versunken war. Es war immer die eine Frage, die er an Gott richtete: Sollte er Anna heiraten? Ja oder nein? Er wollte auf den Geist Gottes hören und ihm sein Herz übergeben. Er nahm sich ein ganzes Jahr vor, um eine Heirat mit Anna im Gebet zu erkunden. In einem Kalender notierte er, was er aus seinem tiefen Inneren hochkommen zu hören glaubte. Allmählich und deutlich stand bei mehr und mehr Kalendertagen „Ja". Die ersten Monate war das Verhältnis von „Ja" und „Nein" noch eher halb und halb gewesen.

Eines Nachts, es war schon 1 Uhr und er schlief in seinem Bett, da fühlte er, wie der Jesus von dem Kreuz in der Kapelle herunterkam und jetzt die Treppe heraufging in den zweiten Stock. Er kam den langen Gang entlang direkt zu Jakobs Zimmer. Jakob dachte: „Was mache ich jetzt?" Sein Körper versteifte sich, als wäre er gefroren. Jakob konnte sich nicht bewegen. Er lag auf dem Bauch und atmete schwer. Und er erinnerte sich: Die Tür war doch abgeschlossen. Aber das war für Jesus kein Problem. Er ging einfach durch die Tür durch.

Jesus setzte sich bei Jakob auf die Bettkante. Jakob spürte, wie Jesus eine Hand auf seinen Rücken und die andere auf seinen Kopf legte. Er spürte eine tiefe Liebe. Dann sagte Jesus: „Es ist vollkommen in Ordnung, nur fünf Prozent an die Kirche zu geben." Ein paar Augenblicke später verließ er Jakob wieder, ging durch den Gang zurück, die Treppen hinunter und zurück an das Kreuz in der Kapelle.

Was war das? Jakob wusste nicht, wie ihm geschehen war. Er blieb flach liegen und bewegte sich nicht. Sein Atem ging immer noch schwer. Dann schlief er wieder ein.

Am nächsten Morgen und an den folgenden Tagen ließ Jakobs Verwunderung nicht nach. Was war das? Er war verwirrt, aber er fühlte sich von Jesus auch tief verstanden. Es war ein sehr gutes Gefühl.

Jakob trug diese geistliche Begegnung lange in seinem Herzen. Er war sich sicher, dass es nicht nur ein Traum gewesen war. Es fühlte sich anders an. Aber was war es? Vielleicht eine Vision? Eine Dozentin in einem Kurs über mystische Erfahrungen meinte später, es könne eine Visitation gewesen sein. Dieser Begriff leuchtete Jakob ein. Es war eine Visitation, keine Vision und kein Traum. So konnte er es irgendwie verstehen. Sein Verstand hatte eine Antwort und Ruhe. Nun musste er dieses Erlebnis nicht länger analysieren. Jetzt konnte er sich einfach darüber freuen und dankbar sein.

Sechs Wochen später dann ging für Jakob das Jahr zu Ende, in dem er konzentriert eine mögliche Heirat mit Anna erkundet hatte. Aufgeregt, aber entschlossen, und immer noch verreist, rief er sie an. „Anna, willst Du mich heiraten?" Sie antwortete: „Ist das ein Heiratsantrag? Meinst Du das wirklich? Ja, ich will!"

Dennoch, auch in den nächsten Jahren wurde Jakob nicht frei von seinen Zweifeln und sich widersprechenden Gefühlen. Manchmal konfrontierte er Gott direkt: „Hilf mir! Du hast mir doch nahegelegt, Anna zu heiraten." In seinen inneren Nöten verpflichtete er sich noch mehr zu einer gelebten Beziehung mit Gott – und umgekehrt: „Ich verpflichte Gott auch zu mir!"

Vier Jahre später konnte er die Kapelle wieder besuchen. Diesmal zusammen mit Anna. Er freute sich sehr, sie ihr zeigen zu können. Alles war unverändert: die schlichte Schönheit, der Jesus am Kreuz. Jakob legte sich mit dem Gesicht nach unten flach auf den Boden.

Jesus sagte zu ihm: „Höre auf Gott. Du hast die richtige Entscheidung getroffen!" Jakob war erleichtert und Jesus sehr dankbar.

Spirituelle Praxis

(1) Haben Sie für sich schon einmal eine ganz besondere spirituelle, geistliche Erfahrung gemacht?

(2) Wie können Sie sich diese Erfahrung erklären?

(3) Wie hat diese Erfahrung Ihr Leben verändert oder beeinflusst? Positiv oder negativ?

Gebet

Jesus, danke, dass Du mich so annimmst, wie ich bin, und mir hilfst, eine enge Beziehung zu Dir aufzubauen.

(10)

Jinnys innere Stimme gibt ihrem Herz Ruhe

*„Ein Rat im menschlichen Herzen ist tiefes Wasser;
wer klug ist, schöpft ihn heraus."*

Sprichwörter 20,5 (BigS)

Jinny arbeitete seit mehr als sieben Jahre als Apothekerin. Sie zweifelte oft an ihrer beruflichen Laufbahn und fragte sich, ob es der richtige Weg für sie sei. Sie wuchs in einer christlichen Familie auf, in der der Einfluss ihrer Eltern besonders stark war. Sie hatten den Beruf der Apothekerin für sie ausgewählt.

Im Laufe der Jahre überlegte sie, Massagetherapeutin zu werden, denn es hatte sie immer beeindruckt, wie Jesus scheinbar durch Berührung geheilt hat. Sie fragte sich, wie ihre Arbeit in der Apotheke ihren Wunsch zu heilen erfüllen könnte. Kritische Gedanken in ihr wurden lauter und forderten sie auf, ihren Job aufzugeben. Sie war verwirrt.

Jinny mochte auch Bücher und manchmal verbrachte sie ganze Tage mit Lesen. Sie las über Spiritualität und Selbsterfahrung. Sie wollte ihr authentisches Selbst finden, von dem sie glaubte, dass Gott es ihr gegeben hatte.

Um Hilfe zu bekommen bei der Suche nach ihrem eigenen Selbst belegte Jinny einen Kurs über Spiritualität. Die Lektüreaufgaben überwältigten sie jedoch und sie konnte den Kurs nicht beenden. Die Leiterin des Kurses empfahl ihr, eine Seelsorgerin zu suchen, eine spirituelle Begleiterin, die ihr helfen würde, ihren ureigenen beruflichen Weg zu finden und ihren Wunsch nach tieferer Spiritualität zu leben.

Als Jinny sich mit einer Seelsorgerin traf, sprach sie über ihre Zweifel an ihrem Beruf. Jinny erzählte, wie sehr ihre äußeren Qualifikationen alle Anforderungen für ihren Job erfüllten: Ausbildung, Lizenz, Erfahrung. Es ging ihr gut. Es gab keine Beschwerden von Kundinnen oder Kunden, oder von ihren Vorgesetzten. Aber Stimmen aus ihrem Inneren warfen ihr vor: „Du bist nicht präzise genug, nicht detailorientiert, Du folgst nicht den neuesten wissenschaftlichen Erkenntnissen. Du bist keine geeignete Apotherin." Sie sagte der Seelsorgerin auch, dass eine besser qualifizierte Person den Kunden und dem Unternehmen bestimmt besser dienen könnte, wenn sie nicht mehr in der Apotheke arbeiten würde.

Die spirituelle Begleiterin, Phoebe, hörte ihr zu und fragte sie dann: „Woher kommen wohl diese negativen Stimmen?" Jinny erkannte, dass die kritischen Ansichten über sich selbst nicht von ihren Kunden oder Kollegen kamen, sondern von ihr selbst. Jetzt kam in ihr eine andere Stimme hoch: „Jinny, sei nicht immer so ernst. Vergiss

Deine Arbeit. Freu Dich am Leben und habe Spaß. Das Leben ist kurz. Es geht Dir an Deinem Arbeitsplatz gut. Lebe ein angenehmes Leben." Sie war verwirrt. Welcher Stimme sollte sie vertrauen?

Nun schlug ihr Phoebe vor, sie möge in Stille sitzen und darauf achten, welche anderen Bilder oder Gedanken in ihr entstehen. In der Stille fühlte Jinny nun eine tiefe Freude. Sie erinnerte sich an den Moment, als sie ihre jahrelange Ausbildung beendet hatte. Das Apothekerstudium war so anspruchsvoll, dass sie währenddessen oft Zweifel an sich selbst hatte und mehrmals aufgeben wollte. Öfter betete sie damals: „Jesus, hilf mir, nur dieses eine Semester durchzustehen." Am Ende, als sie schließlich das Studium abgeschlossen hatte, spürte sie, dass dieser Erfolg irgendwie ein Zeichen war, dass Gott sie immer unterstützt hat und unterstützen möchte.

Dann öffnete Jinny aus der Stille heraus ihre Augen und sagte: „Ich glaube, dass Gott während meiner ganzen Ausbildung bei mir war und mich geführt hat." Tränen liefen ihr über die Wangen. Es war, als ob Gott ihr zweifelndes Herz kannte. Die Seelsorgerin sagte: „Ich freue mich, dass Du das Gefühl hast, dass Gott Dich in Deinem Studium begleitet hat. Und Du sagst auch, es gehe Dir bei der Arbeit eigentlich recht gut. Was meinst Du, was Dir am meisten in Deinem Job hilft?" Jinny musste nicht lange überlegen: „Mein Lächeln, meine Freundlichkeit, meine guten Umgangsformen. Meine Kolleginnen und Kollegen sagen, ich schaffe eine warme, unterstützende, fröhliche Arbeitsatmosphäre. Ich habe bisher eigentlich auch keinen Fehler gemacht. Einmal fehlte ein Medikament, aber es war an einen falschen Platz gelegt worden und wir fanden es am nächsten Tag wieder. Meine Managerin sagte mir, dass sich der Umsatz fast verdoppelt habe, seit ich in dieser Apotheke arbeite. Wow! Diese meditative Stille half mir, mir all dies bewusst zu werden."

Auf Jinnys Gesicht lag nun ein breites Lächeln. Es gab da also auch eine Stimme in ihr, die sie wie lebendiges Wasser nährte. Die Stimme wusch ihre alten negativen Gedanken weg. Jinny konnte jetzt die fürsorgliche Stimme im Inneren wieder für sie hörbar werden lassen. Sie hatte lange nicht gemerkt, dass sie auf dem richtigen Weg war. Jetzt spürte sie es.

Einmal pro Monat setzte Jinny ihr Gespräch mit der spirituellen Begleiterin fort. Sie erkundete dabei, wie sie ihren Wunsch zu heilen auch in ihrer jetzigen Arbeit leben könnte. Es kam ihr, dass die Art und Weise, wie sie sich um ihre Kundinnen und Kunden kümmerte, ein Ausdruck ihres Glaubens sein konnte.

Ein paar Monate später bekam Jinny die Möglichkeit, eine kleine Sendung in einem christlichen Radio zu gestalten. Sie ermutigte darin die Menschen, ihren Glauben dahingehend zu erkunden, wie er in ihrer Tätigkeit sinnvoll gelebt werden kann.

Bei der Arbeit in der Apotheke fühlte sie sich jetzt viel wohler.

Spirituelle Praxis

(1) Setzen Sie sich still hin und hören Sie auf Ihre inneren Stimmen. Welche Bilder oder Worte kommen in Ihnen zu einem Problem hoch, das Sie gerade beschäftigt?

(2) Unterstützen, verwerfen oder verneinen diese inneren Stimmen Ihre Erfahrungen mit einem Gott, der oder die Sie so annimmt, wie Sie sind?

(3) Wie könnten Sie aus Ihrer inneren Weisheit schöpfen, um Ihre Seele zu nähren?

Gebet

Gott, hilf mir, die lebendigen Wasser in mir zu finden, damit sie meinen Geist erfrischen und nähren – und ich meine Berufung, also das, was ich besonders gut beitragen kann, leben kann.

(11)

Ein heiliges Zeichen

„Denkt also daran, dass ihr ein geistiges Siegel empfangen habt, den Geist der Weisheit und des Verständnisses, den Geist der Erkenntnis und Ehrfurcht, den Geist der heiligen Furcht. Bewahrt sicher, was ihr erhalten habt. Gott, der Vater, hat dich versiegelt, Christus, der Herr, hat dich gestärkt und den Geist in dein Herzen gesandt als Unterpfand für das, was kommen wird."

Ambrosius (ca. 340–397)

Nathan, ein jüdischer Krankenpfleger, legte viel Wert auf Freundschaft. Er hatte eine besondere Verbindung mit einem jungen deutschen christlichen Kollegen namens Stefan. Sie arbeiteten gemeinsam auf der gleichen Station in einem Krankenhaus und sprachen gerne miteinander über Gott und die Welt und über den Sinn des Lebens.

Nathan lud gerne Freunde zu besonderen Familienanlässen in sein Haus ein, so auch Stefan und dessen Frau.

Alle seine Kinder waren mittlerweile erwachsen geworden. Zwei von ihnen waren auch schon verheiratet und hatten ihre eigenen Familien. Nathan lud Stefan und seine Frau zum Pessachfest ein, zum amerikanischen Thanksgiving und zur Bat-Mizwa, der Namensgebung seiner Enkeltochter. Nathan hatte das Gefühl, dass Stefan und seine Frau fast ein Teil seiner Familie waren.

Während eines Pessachs erklärte Nathan Stefan die Bedeutung dieses Festes. Als Stefan in das Haus kam und die Türe schließen wollte, sagte Nathan zu ihm: „Bitte lass die Tür offen, damit wir den Propheten Elija willkommen heißen können und er dieses Haus segnen möge." Nathan stellte Stefan auch seinem Freund Adam vor. Adam war ein Überlebender des Holocaust. Sie kamen schnell miteinander ins Gespräch und Adam stellte Fragen zu Stefans Eltern und Großeltern. Mit einem freundlichen Lächeln lud Adam Stefan ein, ihn zu besuchen und seine persönliche Bibliothek zu sehen. Stefan nickte dankbar zu. Nathan freute, dass sich die beiden kennenlernten.

Ein anderes Mal war der Anlass die Zeremonie zur Beschneidung von Nathans neugeborenem Enkel. Es ist das Fest Brit Milah, auch Bund der Beschneidung genannt. Wieder öffnete Nathan sein Haus und lud seine Freunde und Freundinnen aus der Arbeit, der Synagoge und anderswoher ein. Diesmal kam Stefans Frau aber allein und sagte: „Stefan hat eine schwere Grippe und entschuldigt sich sehr." Nathan freute sich aber, dass Stefans Frau auch allein gekommen war.

Nathan arrangierte nun die Zeremonie. Ein Arzt war da um die Beschneidung durchzuführen. Nathan trug seine

Kippah, die Kopfbedeckung für jüdische Männer, und einen Talit, einen blau-silbernen Gebetsschal. Er begrüßte seine Gäste und bot ihnen Getränke an. Dann setzte er sich hin, mit seinem Enkel auf dem Schoß. Die Gäste schauten die beiden an und fotografierten sie. In einer Ecke des Hauses sah Nathan Stefans Frau mit seinen Freunden sprechen. Dann wurde es still.

Ein Rabbiner eröffnete die Brit Milah. Der Arzt machte die Beschneidung. Der kleine Junge weinte ein wenig. Stefans Frau sah, wie beide Eltern Tränen in den Augen hatten. Sie dachte: Dies ist ein Zeichen für den Bund unter den Juden und für ihre Verbindung mit Gott. Sie erinnerte sich an ihren eigenen Bund mit Gott. Für sie war der Tod Jesu am Kreuz solch ein heiliges Zeichen in ihrem Herzen.

Dann kam ein Moment der Stille. Ein heiliger Moment, als ob die Zeit stillstand. Nathan sah wie Stefans Frau die Zeremonie aufmerksam beobachtete. Er dachte sich, sie als Christin könnte vielleicht darüber in der Bibel gelesen haben. Die Feier endete mit Singen und einem dreifachen Segen für das Baby. Nathan spürte eine tiefe Verbindung: „Ich hoffe, dass mein Enkel eines Tages seine ewige Bindung mit Gott wertschätzen können wird."

Während das Essen serviert wurde, ging Stefans Frau zu Nathans Schwiegersohn, dem Vater des Babys. Dessen Vater war Pfarrer, Nathans Schwiegersohn war also in einer christlichen Familie aufgewachsen. Stefans Frau sagte zu ihm: „Die Beschneidung ist für Juden ein Symbol, sich an ihren Bund mit Gott zu erinnern." Sie sagte zu ihm: „Christen glauben, dass sie ein heiliges Zeichen in ihrem

Herzen haben." Nathan fügte hinzu: „Die Beschneidung ist ein Symbol für eine enge Beziehung zu Gott."

Nathan betete, dass das Kind tatsächlich eine enge Beziehung zu Gott entwickeln werde. Er fühlte sich seinen Freunden und seiner Familie besonders nahe während sie diesen heiligen Moment gemeinsam erlebten.

Ein paar Jahre später ging Nathan als Krankenpfleger in den Ruhestand. Er lud Stefan und seine Frau zu einer großen Feier dazu ein. Er genoss es, Zeit für seine Enkelkinder zu haben und mit Freunden zu wandern. Nathan setzte seine Freundschaft mit Stefan fort. Oft erzählten sie sich aus ihren Lebenserfahrungen.

Spirituelle Praxis

(1) Was ist Ihr heiliges Zeichen, welches Sie an Ihre Beziehung mit Gott erinnert?

(2) Wie schätzen oder halten Sie heilige Erfahrungen von anderen Menschen, die sie daran erinnern, wer sie sind?

(3) Nehmen Sie sich Zeit, die Gegenwart von anderen zu spüren, und wie sie Ihnen Sinn geben und einen Teil von Ihnen sind. Beten Sie für sie und ihren besonderen Wert in Ihrem Leben.

Gebet

Danke, Gott, dass Du mich daran erinnerst, wer ich bin, nämlich ein heiliges Geschöpf, ob nun mein persönliches heiliges Zeichen sichtbar oder unsichtbar ist.

(12)

Laura schätzt sich wieder
als Frau

„Ich danke dir, dass ich auf erstaunliche Weise
wunderbar geschaffen bin. Wunder sind deine Ta-
ten, meine Lebenskraft weiß darum."

Psalm 139,14 (BigS)

Laura war eine Doktorandin an einer Universität. In einem ihrer Seminare bekam sie die Aufgabe, über das Thema „Selbstentfaltung" ein Essay zu schreiben. Als sie über den Aufsatz nachdachte, war ihr erster Gedanke: „Ich wünschte, ich wäre als Mann geboren." Sie war davon nicht besonders überrascht. Sie dachte, es könne tatsächlich ihr tiefer, unbewusster Wunsch sein, ein Mann zu sein.

Als alleinstehende Asiatin erlebte sie es als sehr ungerecht, dass in der patriarchalischen Gesellschaft ihrer Herkunft eine Frau nach dem Status ihres Mannes beurteilt wurde. Sie beschloss, Hochschuldozentin zu werden, um ihren eigenen sozialen Status zu erhöhen.

Als Laura vierzig Jahre alt wurde, dachte sie immer öfter daran, zu heiraten. Sie traf nacheinander verschiedene Männer, aber merkte bald, dass ihre Hochschulbildung sich als Hindernis für eine Ehe herausstellte. Die Männer fühlten sich durch ihren hohen Bildungsgrad eingeschüchtert, gar bedroht. Laura seufzte: „Wenn ich nicht eine Frau, sondern ein Mann in einem Doktorandenstudium wäre, würden viele Frauen Schlange stehen, um mich zu heiraten."

Aber Laura blieb bei ihrem Ziel. Anstatt einen Mann zu suchen, vertiefte sie sich weiter in ihr Studium. „Ich möchte eine unabhängige Frau sein mit meiner eigenen Karriere und nicht abhängig von irgendeinem Mann." Sie achtete auch nicht viel auf ihr Aussehen, um vielleicht attraktiver zu wirken. Sie belegte Seminare über Feminismus. Die halfen ihr, Wege zu finden, ihrer eigenen Stimme Gehör zu verschaffen. Und dennoch, ihre Entschlossenheit, eine unabhängige Frau zu sein, stand im Konflikt mit ihrer tiefen Sehnsucht nach einer eigenen Familie.

Laura fühlte sich wie gefangen zwischen ihrem Wunsch zu heiraten einerseits und ihrem Beruf andererseits. Wenn sie über eine mögliche Ehe nachdachte, fühlte sie sich gestresst und traurig.

So mit ihrer Einsamkeit konfrontiert, öffnete sie sich zu mehr Kontakt mit den Familien von Kommilitoninnen und Kommilitonen, von denen viele Pastoren waren. Sie vertiefte ihr eigenes tiefes Gebetsleben und kümmerte sich mehr um andere. Sie schloss sich einer Gebetsgruppe mit anderen Doktoranden und Doktorandinnen an. Dort hörte sie immer wieder, dass verheiratete Studentinnen und Studenten oft mit der doppelten Last der finanziellen

Verantwortung für ihre Familie und den Anforderungen eines anstrengenden Studiums zu kämpfen hatten.

Die Gebetsgruppe wurde zu einem Rettungsanker für Laura. Die Gruppe half ihr es anzunehmen, während des Studiums als Single zu leben. Die wöchentlichen Abendessen, die sie mit der Gruppe hatte, erleichterten ihre Einsamkeit. Sie merkte, dass sie nun eine erweiterte spirituelle Familie hatte. Ihr Gebetsleben allein und mit anderen führte in ihr langsam zu einer inneren Veränderung.

Eines Tages fuhr sie zum Einkaufen. Sie dachte an das Buch, das sie zurzeit mit großem Interesse las: Betty Friedans *Feminine Mystique*. Darin lernte sie über die vielen Schichten sozialer Erwartungen, die Frauen davon abhielten, sich selbst zu verwirklichen. Sie erkannte, dass sie mit der ungesunden Vorstellung aufwuchs, dass das Leben einer starken Frau schwer sein wird und dass das Glück einer Frau stattdessen in der Liebe eines Mannes liegt.

Während sie über ihr eigenes Leben nachdachte, erschien in ihr das Bild einer Spinne. Die Spinne war in den Fäden eines Spinnengewebes gefangen. Die Spinne versuchte, herauszukommen, wurde aber immer wieder von anderen Fäden festgehalten. Diese Spinne war wie sie selbst. Laura begann zu weinen, sogar zu schluchzen. „Oh Gott, so erleben es viele Frauen. Sie wissen nicht, wie sie diese erstickenden, kulturellen Erwartungen und sogar Tabus brechen können." In diesem Moment der Tränen kam in ihr ein starkes Gefühl der Solidarität mit anderen Frauen auf, die in den gleichen patriarchalischen gesellschaftlichen Strukturen gefangen waren.

Laura war überwältigt von diesen Erkenntnissen und wusste aber nicht, wie sie sie erzählen und umsetzen könnte. Sie hatte eine gute Freundin, die auch Feminismus studierte. Die Freundin hörte ihr viele Stunden zu und das war sehr hilfreich. Sie schlug Laura vor, ihre Gefühle aufzuschreiben oder zu zeichnen. Laura schrieb Gedichte und zeichnete viel. Schließlich gaben ihr mehrere Träume weitere Entdeckungen. In einem Traum zerschlug eine große Axt ihre Badewanne, die unter der Erde begraben, aber seltsamerweise immer noch sauber war. Sie hatte das Gefühl, als wäre ihr altes Ich zerbrochen.

Ein paar Tage später träumte sie wieder. Dieses Mal war Laura im Traum in einem Gebäude und eine Person rannte ihr hinterher. Die Person trug eine schwarze Kapuze. Sie konnte das Gesicht der Person nicht sehen. Sie sah ein Ausgangsschild und rannte so schnell wie möglich darauf zu, um aus dem Gebäude und weg von dem Verfolger zu kommen.

Doch dann wollte Laura plötzlich unbedingt die Person sehen, die ihr hinterherlief. Sie drehte sich um, packte die Person am Arm, und fragte: „Wer bist du? Warum jagst Du mich dauernd? Lass mich Dein Gesicht sehen!" Mit einem Handstreich nahm Laura der Person die Kapuze vom Kopf. Seltsam nur: Das Gesicht, dass sie nun sah, war ihr sehr vertraut. Sie sagte mit sanfter Stimme zu dem Mann: „Dein Gesicht kenne ich doch. Komm schon. Ich werde Dir neue Kleider kaufen und Deinen Bart rasieren. Ich werde Deine Freundin sein." Sie hielt den Mann fest am Arm.

Dann wachte Laura auf. Sie verstand den Traum nicht. Sie dachte, vielleicht bedeutete der Traum, dasss sie ihren zukünftigen Mann bald treffen könnte. Während sie den Traum in ihr Tagebuch schrieb, dämmerte es ihr, dass die Person, die ihr nachgejagt war, ein Teil von ihr selbst war: Ihr abgelegtes Ich, ihr vernachlässigtes und begrabenes Selbst als Frau. Ihr eigenes Ich war fast männlich geworden; deshalb auch der Bart.

Sie war sehr traurig über sich selbst. Die schöne, nette und sanfte Frau, die sie war, war unter ihrem Willen begraben, eine unabhängige und starke Frau zu sein. Sie hatte ihr verletzliches, sanftes, weiches Selbst in den Schatten geschoben. Sie weinte und sagte: „Es tut mir leid, es tut mir so leid." In dieser Nacht nahm Laura den vernachlässigten Teil von sich selbst in ihre Arme. Sie sagte: „Ich werde Dich nie wieder ablegen."

Der Traum war ein Wendepunkt für sie. Zum ersten Mal in ihrem Erwachsenenleben schätzte sie es sehr, eine Frau zu sein, ein Geschenk Gottes.

Ein Jahr später traf Laura einen Mann in einer Selbsterfahrungsgruppe. Er nahm sie an, so wie sie war, und achtete sie als eine einzigartige Frau.

Laura konnte ihre Ehe mit ihrer beruflichen Karriere verbinden und keines war dem anderen untergeordnet.

Spirituelle Praxis

(1) Haben Sie ein ungelöstes Problem, mit dem Sie sich auseinandersetzen?

(2) Wie sind Sie bisher damit umgegangen?

(3) Haben Sie eine innere Wandlung erfahren und haben Sie sich dadurch mit diesem Problem ausgesöhnt?

Gebet

Gott, hilf mir, mein ganzes Wesen anzunehmen und nichts einfach zu ignorieren. Leite mich durch diesen Prozess des Wandels, während ich mich mit meiner Situation auseinandersetze.

(13)

Manchmal kommt das eigentliche Geschenk von einem, an den man gar nicht gedacht hat

„Geliebter, ich wünsche, dass es dir in jeder Hinsicht gut geht und du gesund bist, so wie es auch deiner Seele gut geht."

3. Johannes 1,2 (BigS)

Georg arbeitete in einer Organisation, die sich für gewaltfreie Lösungen von lokalen und globalen Konflikten einsetzte.

Dieses Jahr wollte er mit seinen engen Freundinnen und Freunden in seinem kleinen Haus seinen Geburtstag feiern. Er lud Matt ein, einen Doktoranden der Theologie; Thomas und Yolanda, ein Aktvistenpaar; und Adam, der als Rechtsanwalt der örtlichen Stadtverwaltung arbeitete. Adam leitete früher Bibelstunden, aber dann entwickelte er eine Abneigung, fast schon rebellisch, gegenüber dem traditionellen christlichen Glauben. Eine Weile lang wollte er Pfarrer werden, aber er meinte, er sei dafür nicht geeignet, weil er seine Gedanken oft als zerstreut und verwirrt empfand.

Adam litt auch an Depressionen. An manchen Tagen blieb er zu Hause, versteckte sich und laß den ganzen Tag. Er hatte das Gefühl, dass seine Identität als Mann sich nie vollständig entwickelt hatte, vielleicht weil er sich von seinem Vater nie so richtig geliebt und unterstützt fühlte. Er war ein sehr sensibles Kind gewesen. Er fühlte sich oft einsam. Einmal erzählte Adam Georg, dass Gott in seiner Kindheit der einzige Freund war, mit dem er wirklich sprechen konnte.

Adam kam ein bisschen früher, um Georg bei der Vorbereitung des Geburtstagsessens zu helfen. Sie deckten den Tisch mit Wein- und Wassergläsern, Tellern und Georgs Lieblingsdekorationen: weiße Tischdecke, gelbe Tulpen und rote Kerzen.

Georg öffnete die Fenster vom Wohnzimmer auf die Straße weit. Er genoss so die Atmosphäre der Stadt. Er sah einen lateinamerikanischen Supermarkt, Autos und die wechselnden Farben einer Ampel.

Adam bermerkte, dass alle Arten von Menschen, auch viele Arme, auf dem Bürgersteig vorbeigingen. Georg sagte: „Ich denke mir oft, dass jede und jeder einzelne, der hier vorbeigeht, seine und ihre ganz eigene, ihm und ihr sehr wichtige Lebensgeschichte hat."

Im Radio lief Jazzmusik als seine anderen Freunde ankamen. Einer brachte eine Flasche Wein, ein anderer einen Apfelkuchen, und sie alle brachten Geburtstagsgeschenke.

Bald begann das Abendessen. Georg hatte ein besonderes Gericht gekocht: Lachs mit Ananas und Rucola Salat. Sie alle lachten, als die Gläser erklangen. Das „Happy Birthday to you" ließ Georg die Bedeutung seines Tages spüren. Sie hatten viel Spaß mit Gesprächen über Glauben und Politik.

Dann hörte Georg ein Klopfen an der Tür. Ein kleiner, lateinamerikanischer Mann stand draußen. Er bat um etwas zu essen. Vielleicht war er obdachlos. Georg fragte seine Freunde, ob der Mann sich zu ihnen an den Tisch setzen könne. Alle sagten: „Natürlich." Sie hießen in willkommen und er stellte sich vor und sagte, sein Name sei Roberto.

Er hörte sich ihre Gespräche an. Adam leitete eine Diskussion über die Bibel. Irgendwann stand Adam auf und musste auf die Toilette. Roberto fragte, ob er ein Lied aus Dankbarkeit für das gute Essen singen dürfe. „Ich werde aber noch warten, bis Euer Pfarrer aus dem Badezimmmer zurückkommt." Er dachte wohl, dass sie gerade eine Bibelstunde hatten und dass Adam eben der Pfarrer war.

Nachdem Adam wieder Platz genommen hatte, sagte Roberto: „Danke, Pfarrer, dass Du mich hier willkommen geheißen hast. Wenn es recht ist, werde ich für Jesus ein Zeugnis ablegen und für Euch alle singen." Georgs Freundinnen und Freunde lächelten und sagten: „Ja, Pastor, wir wollen sein Zeugnis hören."

Adam's Gesicht leuchtete auf: „Bitte, fang gerne an." Roberto stand neben seinem Stuhl und mit der rechten Hand auf seinem Herzen sang er: „Mein Jesus, ich liebe Dich." Tränen waren in seinen Augen.

Kurze Zeit später verließ er die Runde wieder. Für einen Moment war es ganz still.

Dieser unerwartete Gast war ein besonderes Geschenk für Georg und seine Freundinnen und Freunde. Der Mann hatte ihre Seelen berührt, besonders die von Adam. Adam hatte ein Gefühl, als ob Gott seinen unerfüllten Wunsch und seine inneren Konflikte kannte.

Spirituelle Praxis

(1) Wurde Ihnen einmal eine unerwartete Anerkennung zuteil, die die Gefühle, die Sie über sich selbst hatten, veränderten?

(2) Wie kam es dazu? Wie haben Sie sich gefühlt?

(3) Gibt es jetzt eine Person in Ihrem Leben, die Ihre besondere Aufmerksamkeit gebrauchen könnte?

Gebet

Gott, danke, dass Du uns daran erinnerst, dass wir Deine geliebten Kinder sind, egal welche Unzulänglichkeiten wir auch haben. Oft sehen wir nicht, wie besonders und wertvoll wir sind.

(14)

Wie ein vermeintlich unpassendes Lachen zu Angenommensein führen kann

„Humor ist das liebevolle Gespräch mit sich selbst."

Leo Rosten (1908–1997)

Günther besuchte eine Unitarische Kirche und organisierte dort eine Bibelgruppe. Er lehrte auch amerikanische Geschichte an einer nahegelegenen Universität.

Günther lebte in Kalifornien und genoss es, wandern zu gehen, am Strand zu joggen und an Selbsterfahrungsworkshops teilzunehmen.

Einmal kam ein neues Paar in die Unitarische Gemeinde, Albert und Jennifer. Günthers Bibelstunde gefiel ihnen. Mit der Zeit wurden Albert und Günther gute Freunde. Sie diskutierten gerne über Religion, Gesellschaft und Politik und schickten sich gegenseitig Links zu Zeitungsartikeln. Wenn sie sich trafen, brachen sie gelegentlich mitten im Gespräch in ein Lachen aus. Beide spielten gerne mit Worten. Günther spürte, dass Albert und Jennifer ihm mehr als nur Freunde waren. Jennifer nannte ihn oft „Onkel Günther".

Eines Samstagmorgens rief Albert Günther an, um ihn zu fragen, ob sie am Abend was unternehmen wollten. Alberts Frau war heute nicht zu Hause, denn sie nehme an einem Erweckungstreffen teil. Albert wollte nur noch etwas zu essen bei dem Treffen vorbeibringen.

Als Albert und Günther in der Kirche ankamen, war die Pastorin fast mit ihrer Predigt fertig. Etwa 30 Besucher und Besucherinnen hörten ihr zu.

Albert brachte mehrere Behälter mit Abendessen. Seine Frau war dankbar dafür und sie luden die beiden Männer ein, mitzuessen.

Nach einer Pause predigte die Pastorin weiter. Günther war neugierig auf die Leute, die da waren. Warum hatten sie so eine Passion für das Evangelium? Alle sahen sehr aufmerksam und still aus. Albert und Günther waren die einzigen unter ihnen, die nicht asiatischstämmig waren. Sie konnten die Sprache nicht verstehen, aber sie versuchten trotzdem mitzubekommen, was jeweils gerade passierte.

Dann drehte sich Günther plötzlich zu Albert und sagte mit leiser Stimme: „Die Pastorin sieht aus wie ein Fliegenpilz." Und tatsächlich: sie trug ein rotes Kleid mit vielen weißen Punkten drauf. Beide Männer erröteten sofort und lachten los und konnten sich kaum halten. Sie versuchten nach Kräften, ihr Lachen hinter ihren Händen zu verbergen. Günthers Mutter hatte ihn oft vor dem giftigen Fliegenpilz gewarnt. Jetzt war ihm sein Lachen so peinlich, dass er den Raum verließ.

Albert folgte ihm nach. Auch er konnte nicht aufhören zu lachen. Ihr Lachen kam immer wieder in Schüben, wie Wellen im Meer. Günther ging rüber auf die andere Straßenseite und setze sich in ein Café. Albert konnte ihn über die Straße hinweg durchs Fenster sehen. Als sich ihre Blicke trafen, hörte ihr Lachen einfach nicht mehr auf. Albert legte die Hände auf seinen Bauch, er tat weh von all dem Lachen. Günther zitterte. Sie konnten sich kaum im Griff halten.

Es dauerte eine Stunde, bis die beiden Männer wieder ruhig in den Gemeindesaal zurückkehren konnten. Sie wollten sich entschuldigen. Doch wieder packte sie das Lachen. Schließlich hielt die Pastorin in ihrer Predigt inne und fragte Günther, was sie so zum Lachen brachte. Günther erzählte, wie ihr Kleid ihn an den Pilz erinnerte, vor dem seine Mutter ihn als Kind gewarnt hatte. Da lachten jetzt alle im Raum. Gleichwohl, die Pastorin war nicht verärgert. Sie lachte einfach mit. Der ganze Raum war voller Lachen. Aber es war kein Auslachen. Es war einfach eine gemeinsame Freude über die Situation.

Das beeindruckte Günther. Er merkte, wie großzügig die Reaktionen der Pastorin und der anderen Leute waren. Sie verstanden ihn. Günther fühlte sich durch dieses Angenommen-werden wie zu Hause.

Diese Erweckungsversammlung war ein unerwartetes spirituelles Geschenk für Günther. Es erfrischte seinen Geist. Er fühlte sich in Gott zu Hause, jenseits von sprachlichen und kulturellen Barrieren.

Spirituelle Praxis

(1) Was hat Ihre eigene Ernsthaftigkeit aufgeheitert?

(2) Wenn Sie mit anderen lachen, welches spirituelle Gefühl wird da in Ihnen wach? Können Sie es beschreiben?

(3) Wie schaffen Sie die Balance zwischen Ernsthaftigkeit und Heiterkeit in Ihrem Leben?

Gebet

Gott, vielen Dank, dass Du uns hilfst, das Gleichgewicht zwischen Humor und Ernsthaftigkeit leben zu lernen.

(15)

Sophia findet Gemeinschaft mit dem Heiligen Geist und anderen Menschen

„Der Same, oder die Gnade Gottes, ist in ihrem ersten Erscheinen klein, auch als morgendliches Licht; wenn sie aber beachtet wird und auf sie gehört wird, wird sie immer heller werden, bis sie in der Seele leuchtet wie die Sonne am Firmament auf ihrer Mittagshöhe."

Elizabeth Bathurst (1655–1685)

Sophia besuchte eine methodistische Kirche. Nachdem sie einen Quäker geheiratet hatte, schloss sie sich ihm dann aber in einer Quäkergemeinde an. Deren Andachten sind freilich gänzlich anders als in einer normalen evangelischen Kirche. Es gibt keine Liturgie mit Gesang und Predigt. Stattdessen findet ein Quäkergottesdienst einfach nur in Stille statt. Es gibt keinen Pfarrer oder Pfarrerin, keine formellen Segnungen und kein Abendmahl. Es gibt nur meditative, von Gebeten erfüllte Stille.

Sophia beobachtete, dass während der Andacht, wenn ein Quäker sich vom Heiligen Geist, dem göttlichen Geist, dazu aufgerufen fühlte, er oder sie aufstand und kurz aus der Stille heraus sprach. Sie lernte, dass das Wort „Quäker" vom englischen Verb „to quake" (beben, zittern) abstammte und dieses spirituelle Erlebnis, eine Botschaft auszusprechen, widerspiegelte. Die Stille war dazu da, sich mit dem Heiligen Geist zu verbinden und zu erkunden, welchen Weg, welche Entscheidung, welches Verhalten Gott vorschlägt.

Die stille Stunde der Quäkerandacht beruhigte Sophias umherirrende Gedanken. Sie spürte eine Verbindung zu ihrem inneren Heiligen Geist. Ihre Seele spürte Gottes Gegenwart. Die gelegentlich ausgesprochenen Botschaften waren für sie eine Art Predigt. Sie erfrischten ihren Geist und stillten ihren spirituellen Durst.

Dennoch blieben ihr diese Quäkergottesdienste irgendwie fremd. Sie vermisste die rituellen Praktiken der Liturgie, in der sie aufgewachsen war. Ab und zu nahm sie auch jetzt noch an methodistischen Gottesdiensten teil.

Dann beschloss Sophia, eine Auszeit von der Quäkergemeinde zu nehmen und verschiedene andere Kirchen kennenzulernen. Sie wollte die Lücke in ihren spirituellen Bedürfnissen füllen, die bei den Quäkertreffen immer offenblieb. Vielleicht würde sie eine Kirche finden, die die Spiritualität, die sie früher gelebt hatte, wieder leben lassen könnte?

Doch in jeder Kirche, die sie besuchte, fühlte sie sich trocken und einsam. Sie konnte sich nicht erklären, warum. Es schien ihr wie eine geistliche Reise ohne Wurzeln zu sein. Sie war froh, dass ihr Mann sie bei ihrer Suche unterstützte und ihr zuhörte.

An einem Sonntagmorgen, nachdem sie seit über einem Jahr nicht mehr an einer Quäkerandacht teilgenommen hatte, verspürte sie den starken Wunsch, zur Andacht in Stille zurückzugehen. Diesmal spürte sie eine ungewöhnlich tiefe Stille. Fragen kamen in ihr immer wieder hoch: „Bin ich Teil des Leib Christi? Bin ich ein Teil dieser Gemeinschaft?"

Diese Fragen halfen ihr, ihre Erfahrungen in den verschiedenen Gottesdiensten zu erkunden. Es wurde ihr klar, dass ihr Gefühl, trocken und einsam zu sein, aus zu wenig spiritueller Gemeinschaft kam. Sie hatte Wein und Brot am Abendmahltisch bekommen, aber sie erkannte, dass für sie ein persönliches Abendmahl mehr bedeutete. Für sie war es eine spirituelle Verbindung mit anderen in einer christlichen Gemeinschaft.

Nach der Andacht an diesem Morgen bei den Quäkern ging sie hinüber in den Gemeindesaal. Alles war ihr vertraut: die Tische, Salatschüsseln, Kaffeebecher, Brote und Kekse. Sie wusste, dass heute das monatliche Mitbring-Mittagessen war, gefolgt von zwei Stunden einer speziellen Andacht, in der sich die Gemeinde mit finanziellen und organisatorischen Anliegen befasste. Sophia erinnerte sich, dass in den meisten Kirchen solche Sitzungen nur von gewählten oder festangestellten Mitarbeitern und Mitarbeiterinnen besucht wurden. Aber in einer Quäkergemeinde darf, ja sollte sogar, jeder teilnehmen. Diese speziellen Andachten für geschäftliches und organisatorisches werden als Fortsetzung des Gottesdienstes betrachtet. Es war manchmal durchaus anstrengend für Sophia, bei den oft langen dauernden Beratungen dabei zu bleiben.

Heute an diesem Sonntag genoss sie das Zusammensein mit den anderen Quäkern und Quäkerinnen während des Mittagessens sehr. Sie meldete sich für die Aufräumarbeiten und nahm dann an der Geschäftsandacht teil. Es wurde ein langer Tag. Aber dieses Mal war es eine Freude für sie und sie fühlte sich glücklich.

Später kam es ihr, dass der Heilige Geist sie heute wohl auf besondere Weise berührt hatte. Sie fühlte sich als Teil einer spirituellen Gemeinschaft, die sie still begleitete und der sie sich zugehörig fühlte.

Monate später bewarb sie sich darum, Mitglied der Quäkergemeinde zu werden. Ein Komitee zur Entscheidungsfindung wurde zusammengestellt, um mit ihr über ihren Antrag auf Mitgliedschaft zu beraten. Es wurden ihr mehrere Fragen gestellt. Eine Quäkerin wollte wissen: „Warum genau willst Du denn Mitglied sein?" Sophia antwortete: „Ich habe mich dazu entschieden, in meinem Leben der inneren Stimme des Heiligen Geistes zu folgen, so, wie sie zu mir spricht. Wenn Quäker in der Andacht zusammensitzen, dann tun sie das ebenfalls mit dem Wunsch, einer Art Selbstverpflichtung, von demselben inneren Heiligen Geist geführt zu werden. Freilich: ich möchte Musik, Predigten und Liturgie nicht abtun. Sie bedeuten für viele Menschen sehr viel."

Die Quäkerfreunde veranstalteten eine wunderbare Willkommensparty für Sophia um ihren Glauben zu feiern. Sie war sehr dankbar für ihren Mann, der auf ihre persönliche Entscheidung, Quäkerin zu werden, geduldig gewartet hatte.

Spirituelle Praxis

(1) Wie haben Sie die Gegenwart des Heiligen Geistes erlebt?

(2) Wie wichtig ist es für Sie in Ihrer Glaubenspraxis, ein Gefühl geistiger Gemeinschaft mit anderen zu haben?

(3) Setzen Sie sich an einen stillen Ort, wo Ihre Seele ausruhen und sich dem Geist Gottes öffnen kann? Welche Bilder, Gefühle und Gedanken kommen in Ihnen leise hoch?

Gebet

Heiliger Geist, hilf mir, mit Dir im Einklang zu sein, und ein gemeinschaftliches Leben mit Dir und Menschen in einer Glaubensgemeinschaft zu genießen.

(16)

Eine Hürde wird zum Segen

„Denn ich, Gott, bin deine Gottheit, die dich bei dei-
ner rechten Hand ergriffen hat, die zu dir spricht:
Fürchte dich nicht, ich helfe dir!"

Jesaja 41,13 (BigS)

Jonathan arbeitete als Krankenpfleger drei 12-Stunden-Schichten pro Woche in einem Krankenhaus. Die meisten seiner Patienten hatten gerade eine Herzoperation hinter sich. Er war sehr gerne für sie da. Er schätzte die Teamarbeit auf der Station.

Daneben machte er einen Master-Abschluss in Krankenpflege mit dem Ziel, ein sogenannter Nurse Practitioner zu werden. In angelsächsischen Ländern sind Nurse Practitioner Krankenschwestern und -pfleger, die eine zusätzliche, mehrjährige medizinische Ausbildung absolviert haben, mit der sie dann als praktische Ärzte und Ärztinnen arbeiten. Es war eine ziemliche Herausforderung für Jonathan, Schule, Praktika und Arbeit zu meistern.

Die Unterstützung durch seine Frau und seine Glaubensgemeinschaft half ihm dabei sehr. In der Arbeit im Krankenhaus betete er ab und zu kurz, bevor er das Zimmer eines Patienten betrat. Er suchte Kraft und Weisheit, um ihnen die bestmögliche Pflege zu geben.

Auf einer Schicht im Frühjahr bekam Jonathan während der Arbeit plötzlich Schüttelfrost, Hals- und Gliederschmerzen. Er stöhnte: „Oh nein, wenn sowas so schnell kommt, dann könnte das eine Grippe sein." Es war mitten im Semester und am nächsten Tag war er schon wieder zur Arbeit eingeteilt.

Als die Schicht vorbei war, ging er schnell zum nächsten ärztlichen Bereitschaftsdienst. Er wurde unruhig. Das Abgabedatum für eine längere Seminararbeit kam näher und er hatte noch viel zu schreiben. Jonathan überlegte schon, ob er dieses Fach auf das nächste Semester verschieben sollte. Der Arzt diagnostizierte in der Tat eine Grippe und empfahl Ruhe und viel trinken.

Zurück zu Hause war Jonathan überfordert von dem Druck, den er vom Studium spürte. Wie sollte er das alles schaffen, jetzt, da er auch noch krank war! Er konnte nicht mehr an der Seminararbeit weiterschreiben. Er lag im Bett und fühlte sich elend. Es war ihm, als ob er einen hohen Berg ohne jegliche Kraft besteigen müsste.

Am nächsten Tag meldete er sich krank. Seine Gliederschmerzen waren schlimmer geworden. Einfache Schmerzmittel schienen nicht zu helfen. Er hatte Fieber und anhaltenden Husten. Er ging wieder in die Notfallbehandlung und dieses Mal lautete die Diagnose

Lungenentzündung. Was für ein Schock! Der Arzt gab ihm Antibiotika und eine Krankmeldung für die nächsten drei Wochen.

Ab der zweiten Woche nahmen Fieber und Husten langsam ab. Es dauert dann noch ein paar weitere Wochen, bis er sich wieder so richtig gesund fühlte. Besonders Treppensteigen fiel ihm schwer. Aber er konnte diese Auszeit nutzen, um die Seminararbeit einzureichen. Eine große Erleichterung für Jonathan.

Acht Tage vergingen, bevor ihm seine Note online zugestellt wurde. Eine glattte eins! Er sagte zu sich selbst: „Ich kann das gar nicht glauben. Diese Lungenentzündung war fast wie ein verborgener Segen. Ich weiß nicht, ob ich diese lange Seminararbeit ohne die Auszeit von der Krankenpflegetätigkeit, die mir die Lungenentzündung gegeben hatte, hätte fertig stellen können. Danke, Gott, dass Du mich in dieser schwierigen Situation begleitet hast."

Ein Jahr später hatte Jonathan alle Kurse absolviert und bekam den Master of Science in Krankenpflege. Er legte noch die nötige staatliche Prüfung ab und wurde so Nurse Practitioner, praktischer Arzt.

Spirituelle Praxis

(1) Haben Sie Schwierigkeiten erlebt, die sich später als Segen erwiesen haben?

(2) Wie haben Sie die Gegenwart Gottes in dieser Zeit gespürt?

(3) Welche Ressourcen können Sie nutzen, um solche Hürden zu überwinden?

Gebet

Gott, hilf mir zu sehen, dass Du mich in schwierigen Zeiten trägst.

(17)

Doris ist immer noch Mutter,
aber jetzt anders

„Junge Liebe ist wie eine Flamme – so schön, oft sehr heiß und heftig, aber immer noch leicht und flackernd. Die Liebe des älteren und gezähmten Herzens ist wie Kohlen, die in der Tiefe unauslösch-lich glühen."

Henry Ward Beecher (1813–1887)

Doris hatte fünf Kinder. Sie erzog sie recht streng. Sie war zwar körperlich schwach, aber sie war ein Vorbild für ihre Kinder. Sie wurden alle ehrliche, echte Leute. Außer der jüngsten Tochter heirateten alle Kinder schließlich und zogen in eigene Wohnungen.

Die jüngste Tochter, Suzanne, hatte selbst eine Tochter, Juli, und beide lebten weiterhin bei Doris. Suzanne hatte ihr eigenes Geschäft und arbeitete bis zum frühen Abend. Juli studierte Kunst an der Hochschule.

Doris war 75 Jahre alt. Sie verbrachte ihre Tage meist allein in der großen Wohnung, bis Suzanne und Juli abends nach Hause kamen. Ihr geliebter Hund, der sie über viele Jahre begleitet hatte, war vor ein paar Jahren gestorben.

Sie plante ihren Tagesablauf genau. Morgens kochte Doris die Mahlzeiten für ihre Tochter und Enkeltochter und sah sich Fernsehprogramme an über Erziehung und Spiritualität. Dann putzte sie das Haus und wusch die Wäsche. Danach machte sie ein Nickerchen und am Abend las sie drei Seiten in der Bibel, zum Abschluss ihres Tages.

Im Laufe der Jahre bekam Doris aber Schmerzen in der Hüfte. Medikamente halfen ein wenig, aber die Schmerzen wurden stetig schlimmer und erschwerten ihre tägliche Arbeit. Ihre Tochter und ihre Enkelin sagten ihr, sie solle keine Hausarbeit mehr machen.

Diesem Rat zu folgen war nicht einfach für Doris. Mehr als 50 Jahre lang konzentrierte sich ihre Welt auf die Hausarbeit. Die Küche war das Zentrum ihres Lebens. Sie wusste nicht, was sie ohne ihre Aufgaben tun sollte.

So folgte Doris nicht dem Rat ihrer Tochter und Enkelin und setzte ihre Routine fort. Ihre Schmerzen wurden schlimmer. Schließlich war sie dann doch gezwungen, zurückzutreten: kein Kochen mehr, kein Putzen, kein Waschen. Sie fühlte sich irgendwie verloren.

Immerhin bewirkten die Schmerzen einige Veränderungen bei ihren Kindern. Ihr ältester Sohn, Tom, der in der Nähe wohnte, besuchte sie jetzt öfter. Trotz seines vollen Terminkalenders hilf er beim Essen kochen und holte sie ab, um sie zu Arztterminen zu bringen. Doris hatte so jetzt mehr Zeit mit ihrem Sohn. Tom holte auch Suzanne ab, damit sie früher nach Hause kommen und das Abendessen zubereiten konnte.

Doris sah zu, wie ihre Tochter kochte. Es freute sie, ihr ihre eigenen Rezepte beizubringen.

Allmählich entspannte sich Doris und hatte Zeit für alte Erinnerungen. Ihre Hüftschmerzen störten sie zwar immer noch, aber sie war Gott dankbar dafür, dass alle ihre Kinder in guter Gesundheit aufgewachsen waren und ihre eigenen Lebenswege gefunden hatten.

Sie begann nun, ihre Kinder genauer zu beobachten. Eines Abends – Doris, Tom und Suzanne saßen am Esstisch und genossen ihren Tee – sagte Doris zu ihnen: „Am Anfang war ich wie verrostet. Ich hatte das Gefühl, dass es keinen Platz mehr für mich in diesem Haus gibt."

Sie hielt inne und lächelte. „Aber dann fühlte ich mich befreit. Ich muss jetzt nicht mehr kochen. Ich wusste ja, dass ich aufhören musste, Hausarbeit zu machen, aber ich wusste nicht wie. Aber mein Körper schaffte es ja nicht mehr."

Doris schwieg eine Weile. „Es geht Euch allen gut. Ich fühle mich erleichtert." Sie machte einen tiefen Seufzer.

Doris verbrachte jetzt mehr Zeit damit, ihren Kindern und deren Problemen zuzuhören. Zuhören half Doris, für sie zu beten. Sie begann, ihr Gebet auch auf kirchlichen und sozialen Anliegen auszudehnen.

So kümmerte sich Doris weiterhin um ihre Kinder und Enkelkinder, gleichsam als geistliche Mutter.

Spirituelle Praxis

(1) Haben Sie mal einen Rollenwechsel in Ihrem Leben erlebt?

(2) Wie haben Sie sich auf eine neue Rolle eingestellt? Was waren positive, was waren herausfordernde Aspekte während dieses Übergangs?

(3) Wie nähren Sie in Ihrer neuen Rolle Ihre eigene Spiritualität und die von anderen?

Gebet

Gott, Veränderung kann so schwierig sein. Manchmal fühle ich mich frustriert oder ängstlich. Hilf mir, mich während der Übergänge in meinem Leben zurechtzufinden, sodass ich mich selbst und andere spirituell nähren kann.

(18)

Tanja findet das, was ihres ist – und erfährt ein nährendes Verständnis von Gott

„Freude ist ein Netz der Liebe, durch das du Seelen fangen kannst."

Mutter Teresa (1910–1997)

Tanja arbeitete seit 12 Jahren an einer kleinen Universität. Obwohl sie mit ihrem Lehrauftrag und der finanziellen Sicherheit zufrieden war, fühlte sie sich allmählich müde und auch gelangweilt. Ihr Weg zur Arbeit war lang, und sie wurde oft gebeten, Verwaltungsaufgaben zu übernehmen, die noch dazu auch eher langweilig waren. Sie zögerte jedoch, ihre Arbeitsstelle zu verlassen. Es war nicht einfach, ein Risiko einzugehen und die finanzielle Stabilität aufzugeben.

Sie betete um Klärung und fragte Jesus: „Ist dies jetzt schon der richtige Zeitpunkt, diesen Job zu verlassen? Bitte, gib mir ein Zeichen." Mit der Zeit wurde ihr ihre Arbeit immer lästiger.

Eines Nachmittags kam ein Student aus der Gebetsgruppe der Universität in ihr Büro. Vorsichtig sagte er zu
ihr, dass er das Gefühl habe, dass Gott sie auf einen anderen Job vorbereitet. Tanja war überrascht. Sie hatte doch
keinem ihrer Studierenden von ihren Überlegungen, ihre
Stelle zu verlassen, erzählt. Dann, ein paar Monate später, erhielt sie einen Anruf von einem Freund, mit dem
sie seit langem keinen Kontakt mehr gehabt hatte. Der
Freund fragte sie: „Fällt es Dir schwer, Deinen jetzigen Job
zu verlassen?" Tanja konnte es nicht mehr übersehen, dass
der Heiligen Geist ihr wohl einen kleinen Stups zu geben
schien.

Tanja und ihr Mann nahmen sich ein Jahr, um im Gebet ihren nächsten Schritt zu erkunden. Schließlich dann
konnte sie ihre Lehrtätigkeit verlassen und ihr eigenes kleines Geschäft eröffnen.

Am Anfang war ihre neue Rolle als Unternehmerin
sehr mühsam, aber im Laufe der Zeit passte sie sich allmählich an ihre neue Aufgabe an. Sie schloss sich einer
Business-Netzwerk-Gruppe an und traf andere Unternehmer aus verschiedenen Branchen.

Sie genoss ihre neue Flexibilität bei ihrer Terminpla-
nung. Als Eigentümerin konnte sie ihre Arbeits- und freien
Tage selbst festlegen. Die Freiheit, die sie jetzt durch das
Selbstständig sein hatte, war ein großes Geschenk.

Ihr Einkommen schwankte, aber sie kam über die Runden. Ohne den langen Pendelweg fand sie mehr Zeit für
Entspannung. Gerne kochte sie, spielte Gitarre, las Bücher
und hörte Predigten. Es war ein ganz neues Lebensgefühl.

Jeden Donnerstag nahm sie sich frei. Ihr Mann Jens hatte donnerstags auch oft frei. Sie begannen ihren Tag gemeinsam mit dem Backen von Bio-Mehrkornbrot. Jens' Freund Douglas hatte ihnen ein einfaches Rezept gegeben, mit dem man in nur eineinhalb Stunden leckeres Brot backen konnte. Das machte Tanja sehr viel Spaß.

Oft gingen sie und ihr Mann nach draußen, um Sport zu treiben, wenn das Brot im Ofen war. Wenn sie zurückkamen, roch es nach dem frischen Brot von der Küche bis ins Wohnzimmer. Tanja sah, wie sehr Jens das Brot mit Frischkäse darauf schmeckte. Er legte er sich dann gerne auf das Sofa und las Zeitung.

An einem Donnerstag waren Tanjas Hände jedoch besonders aktiv. Sie wusch Gurken, grüne und rote Paprika, zerdrückte Knoblauch, und gab alles in einen Wok zusammen mit Olivenöl. Für einen Salat briet sie Tofu.

Nach dem Mittagessen machte Jens ein Nickerchen. Tanja schnitt Ingwerwurzeln für Tee. Sie dachte, dieser sonnige Tag sei perfekt zum Trocknen der Ingwerscheiben in der warmen Sonne. Dabei erinnerte sie sich, wie ihre Großmutter im Sommer und Herbst immer Gemüse für die Suppen im Winter trocknete. Sie hielt inne und lächelte, als sie an ihre Großmutter dachte.

Kochen entspannte Tanja und machte ihr Freude. Heute Abend wollte sie an einem Frauengebetstreffen teilnehmen und dafür bereitete sie einen Thunfisch-Dip mit Zitrone, Pfeffer, gehackter Zwiebel und Joghurt. Als Jens aus seinem Nickerchen aufwachte und sah, dass seine Frau noch immer in der Küche war, fragte er: „Warum kochst Du so viel?" Sie drehte sich um und sagte: „Weil es mir gefällt!"

Am Abend traf sie ihre Freundinnen. Sie alle genossen den Thunfisch-Dip und das frische Gemüse. Später in der Nacht, als Tanja und ihr Mann schlafen gingen, fragten sie sich einander, was sie heute als besonderes Geschenk wahrgenommen hatten. Tanja erzählte, wie glücklich sie sich fühlte, den Großteil des Tages für ihre Freundinnen, für ihn und für sich selbst zu kochen.

Sie sagte zu Jens: „Die Freude am Kochen war für mich heute wie ein Geschenk Gottes." Jens sagte: „Kennst Du die ursprüngliche Bedeutung des Wortes, das verwendet wird, um Gott zu beschreiben? El Shaddai? Es wird immer mit ‚Allmächtig' übersetzt, aber ‚Shad' kann genauso gut auch mit dem Wort ‚Brust' übersetzt werden. So ist Gott eine Pflegerin und Kraftgeberin."

Tanja sagte: „Kein Wunder, dass ich mich so gut gefühlt habe, als ich kochte. Ich mag es, Menschen zu nähren, damit sie gestärkt werden." Jens überlegt laut: „Kannst Du Dir vorstellen, wie unser Leben, ja die Geschichte unserer Welt, anders verlaufen wäre, wenn wir mit einem Bild von Gott als der mit den nährenden Brüsten aufgewachsen wären, und nicht mit dem Bild eines Allmächtigen? Unsere Gesellschaft würde sich viel mehr um einander kümmern und sich gegenseitig unterstützen."

Tanja hielt in ihrem Herzen was Jens sagte. Sie erkannte, dass ihr gutes Gefühl aus dem Nähren von Seelen kam. Für sie war Kochen eine Möglichkeit, den fürsorglichen Gott zu zeigen.

Tanja kochte jetzt nicht nur für ihre Familie und Freunde, sondern gelegentlich auch für ärmere Menschen in ihrer Nachbarschaft. Und auch wenn es nicht immer einfach war, war sie froh, sich beruflich verändert gehabt zu haben.

Spirituelle Praxis

(1) Wann empfinden Sie Freude in Ihrem Alltag?

(2) Wie bringen Sie Ihre Freude zum Ausdruck?

(3) Wie erleben Sie Gott als Nährende?

Gebet

Gott, danke, dass Du uns auf freudige Weise nährst, damit wir selbst zu Nährenden werden, für andere und uns selbst.

(19)

Mitfühlendes Beisein

„Gott, der überall ist, verlässt uns nie. Doch Gott scheint manchmal gegenwärtig, manchmal abwesend zu sein. Wenn wir Gott nicht gut kennen, merken wir nicht, dass Gott uns gegenwärtiger ist, wenn Gott abwesend scheint, als wenn Gott gegenwärtig ist."

Thomas Merton (1915–1968)

Elyse lebte in der Nähe des schönen, warmen Meeres auf Hawaii. Sie arbeitete als Seelsorgerin in einem örtlichen Krankenhaus. Sie genoss es sehr, die ethnisch vielfältigen Patientinnen und Patienten des Krankenhauses und ihre Familien geistlich zu betreuen. Als sie ein Kind war, war ihre eigene Mutter zweimal länger sehr krank gewesen. Elyse spürte eine Berufung, für Kranke da zu sein.

Sie besuchte eine 60-jährige Frau aus Samoa auf der Krebsstation. Die Frau hatte nicht mehr lang zu leben. Sie konnte sich nicht entscheiden, ob sie nach Samoa zurückkehren wollte, um bei ihrer Familie zu sein, wo aber die medizinische Versorgung nicht für ihre Krankheit ausreichte. Zugleich sehnte sie sich danach, das Ende ihres Lebens mit ihren Lieben zu verbringen. Elyse hörte ihr zu und begleitete sie in diesem schwierigen Entscheidungsprozess.

Elyse besuchte auch eine philippinische Frau in der Hospizabteilung. Die war eine fromme Katholikin. Sie rief alle ihre Kinder an. Für ihren letzten Wunsch bat sie sie, einander zu lieben. Sie erzählte Elyse, dass sie bereit sei, ihrem geliebten Herrn Jesus Christus bald zu begegnen. „Was für eine schöne Art, ihr Leben zusammenzufassen", dachte Elyse.

Heute Abend war Elyses an der Reihe für die Bereitschaftsseelsorge. Sie aß in der Cafeteria des Krankenhauses zu Abend und ruhte sich aus. Sie hoffte, dass die Nacht ruhig und nicht so anstrengend sein würde.

Um 22 Uhr erhielt sie einen Anruf von einer Sozialarbeiterin in der Notaufnahme. Ein 19-jähriger Student war mit einer Gehirnverletzung durch einen Autounfall eingeliefert worden.

Als Elyse in der Notaufnahme eintraf, bat die Sozialarbeiterin sie, auf die Mutter des Patienten zu warten. Als die Mutter ankam, rief sie: „Ich will das nicht glauben, ich hoffe, mein Baby wird überleben!" Elyse tröstete sie, bis sie sich etwas ruhiger fühlte.

Dann kehrte Elyse in ihr kleines Seelsorgerinnenzimmer zurück, um zu schlafen. Es war fast Mitternacht. Sie erinnerte sich an eine andere College-Studentin, die eine schwere Schussverletzung hatte und auf wunderbare Weise wieder sprechen konnte. Jetzt betete sie für den jungen Studenten in der Notaufnahme auch für solch eine Heilung.

Bald erklang ihr Piepser wieder. Es war halb zwei. Auf der Herzchirurgie gab es einen Notfall. Das Herz eines Patienten hatte aufgehört zu schlagen. Ein Röntgentechniker, Krankenschwestern, ein Sozialarbeiter und ein Arzt versuchten, den Patienten zu reanimieren. Weil sie als Seelsorgerin Teil des Notfallteams war, stand Elyse vor dem Zimmer des Patienten und betete für ihn und das Personal.

Nach einer gefühlten halben Stunde fing das Herz des Patienten wieder an, zu schlagen. Alle seufzten vor Erleichterung. Sie kehrten zu ihren Arbeitsplätzen zurück. Elyse sagte zu sich selbst: „Was für eine intensive Arbeit das ist."

Jetzt war es drei Uhr dreißig morgens. Elyse dachte: „Ich sollte jetzt schlafen, um etwas Energie zu tanken, auch wenn es nur für eine halbe Stunde ist."

Fast sofort nachdem sie sich hingelegt hatte, weckte der Piepser sie aber schon wieder auf. Diesmal kam der Ruf aus der Hospizstation. Als Elyse dort ankam, erklärte ihr eine Krankenschwester, dass ein 80-jähriger Mann vor zwei Stunden verstorben war und seine Frau gerade eingetroffen sei.

Elyse betrat das Zimmer des Patienten. Die Frau saß neben dem Bett ihres Mannes. Elyse stellte sich vor und hörte der Frau zu, wie sie aus dem Leben ihres Mannes erzählte. Als Elyse gehen wollte, sagte die Frau: „Ich weiß nicht, wie ich in mein Haus gehen kann, wenn ich heute heimkomme. Mein Mann hat mir immer die Tür geöffnet." Mit Tränen in den Augen umarmte Elyse die Frau.

Während sie sich noch von ihr verabschiedete, erhielt Elyse einen weiteren Anruf von derselben Hospizstation. Ein anderer Patient war ebenfalls gerade verstorben. Aber dieses Mal gab es keine Familie. Die Krankenschwester fragte: „Würden Sie herüberkommen und den Patienten segnen, bevor sein Körper in die Leichenhalle gebracht wird?"

Elyse betrat das Zimmer des Patienten. Außer ihr war niemand da. Sie stand neben ihm und segnete ihn. Irgendwie spürte sie, dass Gott bei dem Patienten gewesen war, als er seinen letzten Atemzug genommen hatte. Sie dachte sich: „Wer außer Gott kann einen Menschen begleiten, wenn er zum letzten Mal atmet?"

Nach dieser langen Bereitschaftsnacht konnte Elyse nicht mehr schlafen. Jetzt war es 7 Uhr morgens. Es war an der Zeit, sich auf den Besuch von Patienten auf der Vorbereitungsstation für Operationen einzustellen. Sie wusch ihr Gesicht und sah sich selbst im Spiegel an. Sie atmete tief durch. Dann ging sie los und besuchte die Patienten, die auf ihre OP warteten. Elyse spürte deren Ängste. Sie hielt sie in ihren Gebeten.

Dann war die Nacht endlich vorbei. Elyse berichtete dem Seelsorger für die Tagesschicht, was alles geschehen war. Sie gab ihm den Piepser. Ihr Vorgesetzter sagte: „Wir schätzen Deinen Dienst sehr, Seelsorgerin. Das war eine ungewöhnlich harte Nacht für Dich."

Um 8 Uhr dann ging sie aus dem Krankenhaus nach Hause. „Wirklich, was für eine Nacht", seufzte sie. Sie war erschöpft und voller unverarbeiteter Emotionen. Sie brauchte etwas zum Entspannen und ging im kleinen Pool neben ihrer Wohnung schwimmen. Dann fiel sie ins Bett und schlief sofort ein.

Erst am späten Nachmittag wachte sie wieder auf, zog sich ihr Hemd und ihre Hose an und ging hinunter zum Strand. Ein wunderschöner Sonnenuntergang färbte den Himmel gelb, orange und rot. Die Palmen und eine sanfte Brise trösteten sie und befreiten sie von der Intensität der Nacht. Sie fühlte, dass Gott sie beruhigte, indem sie sie die schöne Natur erleben ließ. Sie fühlte, dass Gott ihr Mitgefühl gab, so wie sie es ihren Patienten gegenüber dargebracht hatte.

Spirituelle Praxis

(1) Wie haben Sie in einer schwierigen Zeit ein mitfühlendes Beisein erlebt?

(2) Haben Sie vielleicht die Gegenwart Gottes in einer fast überfordernden Situation erfahren?

(3) Welche Erfahrungen haben Sie mit Mitgefühl gemacht, das Ihnen entgegenbracht wurde? Wann half es Ihnen, wann nicht?

Gebet

Gott, danke, dass Du uns Deine Fürsorge anbietest, ob sichtbar oder unsichtbar.

(20)

Worauf es ankommt

„Das Erntefeld ist groß, die Menge der Arbeiterinnen und Arbeiter aber gering. Bittet nun den Herrn der Ernte, dass er Arbeitskräfte für sein Erntefeld sprießen lasse."

Lukas 10,2 (BigS)

Josephine betete sehr gerne mit und für Menschen. Für sie war das Gebet ein Weg, um ihr eigenes gebrochenes Herz zu heilen. Einmal während dem Beten spürte sie die Gegenwart Jesu. Er schien sie zu fragen: „Was willst Du, dass ich für Dich tue?" Josephine antwortete: „Jesus, ich möchte Menschen heilen, die ein gebrochenes Herz haben wie ich." Bei der Arbeit in ihrer Praxis und als Dozentin kümmerte sie sich um ihre Patienten sowohl medizinisch als auch auf der Gefühlsebene.

Irgendwie hatte sie immer schon ein Herz für Deutschland, und nachdem sie einen Mann aus Deutschland geheiratet hatte, wollte sie dort Menschen spirituell unterstützen. Aber ihr Mann Gerald teilte hatte daran kein Interesse.

Eines Tages traf Josephine enge Freunde, mit denen sie viele Jahre lang oft gebetet hatte. Das Paar fand seine Berufung als Missionare bei Aussätzigen in dem afrikanischen Land Burundi. Sie arbeiteten mit den Menschen vor Ort zusammen, um ein Krankenhaus zu bauen. Sie boten Bibelkurse in den Schulferien für Kinder an. Sie passten ihr Leben den Menschen in Burundi an und aßen örtliche Speisen.

Ihre Berichte forderten Josephine heraus. Sie hatte das Gefühl, dass etwas in ihrem Leben fehlte. Sie fühlte sich doch irgendwie innerlich berufen, in Deutschland heilungbringende Hilfe anzubieten, aber sie wusste einfach nicht, wie sie das machen könnte.

Dann fasste sie einen Entschluss. „Gerald", sagte sie, „ich möchte Deutschland besuchen und eine Woche in einem Kloster verbringen. Ich möchte geistlich erkunden, was Gott mir in Deutschland vorschlägt. Vielleicht gibt es dort einen Bedarf, dass ich Menschen mit gebrochenen Herzen seelsorgerlich betreue."

Gerald hatte ihren Wunsch schon oft gehört, auf diese Weise in Deutschland zu helfen, aber dieses Mal merkte er, dass etwas anders war. Josephine war entschlossen zu gehen. Er schlug vor, dass sie ein paar Wochen zusammen beteten. Vielleicht gab es eine Möglichkeit für Josephine, Menschen zu helfen, die mit den emotionalen Schmerzen ihrer Vergangenheit nicht versöhnt waren.

Nach einem Monat des Hinhörens im Gebet, sagte Gerald: „Josephine, ich unterstütze Deine Reise nach

Deutschland. Wie wäre es aber, wenn Du dort nicht Zeit in einem Kloster verbringst, sondern Deine Arbeit mit der heilenden Kraft Gottes mit meiner Familie beginnst? Du könntest meine Mutter Heidi besuchen. Sie hat starke Schmerzen nach einer Knieoperation. Und ihr Lebensgefährte, Frank, hat Schmerzen im Rücken. Du könntest ihnen beiden Akupunktur-behandlung anbieten. Auch vermisst meine Mutter immer noch so sehr ihren Vater, der im Zweiten Weltkrieg gefallen war. Und Frank hat erst vor kurzem seine Tochter durch Krebs verloren. Ein Besuch bei diesem älteren Paar wäre wirklich eine spirituelle Hilfe in Deutschland mit genau Deinen Fähigkeiten und Gaben." Josephine sah das auch so und stimmte zu.

Am darauffolgenden Sonntag nahmen sie an einem Gottesdienst teil. Die Predigt schien sich direkt an Josephine zu wenden: „Manche Leute machen große Projekte im christlichen Dienst und werden sehr bekannt; andere machen kleine Sachen in der Stille, ohne bemerkt zu werden."

Gegen Ende des Gottesdienstes gab es die Möglichkeit, in einer Ecke der Kirche ein persönliches Gebet zu empfangen. Gerald nahm Josephines Hand und ging mit ihr dorthin. Eine große Afroamerikanerin breitete ihre Arme für sie beide aus. Gerald sagte zu ihr: „Meine Frau wird nächste Woche meine Mutter und ihren Partner in Deutschland besuchen. Ganz allein, zum ersten Mal." Seine Stimme war sehr gerührt und er hatte Tränen in den Augen. Die Frau legte ihre Hände auf Josephines und Geralds Schultern und betete für sie. Josephine spürte die tiefe Fürsorge ihres Mannes und seine Unterstützung für ihre Missionsreise, so wie sie es verstand.

Dann flog Josephine nach Hamburg. Im Flugzeug fühlte sie sich etwas fremd so ohne ihren Mann neben ihr, aber sie war auch sehr gespannt darauf, was Gott mit ihr tun würde.

Sieben Tage lang verbrachte Josephine mit Heidi und Frank. Jeden Tag aßen sie gemeinsam Frühstück, Mittagessen und Abendessen. Josephine dachte sich: „Mit meinen eigenen Eltern hatte ich noch nie eine so persönliche Zeit." Sie spürte die Gemeinschaft mit Heidi und Frank.

Sie begleitete Heidi, wenn sie zu Ärztinnen und Ärzten ging. Sie gab Akupunkturbehandlung für ihre Knieschmerzen und Franks Rücken.

Einmal fuhren sie auf einer Landstraße, als Heidi anhielt, um kurz einen Weg an der Straße entlang zu gehen. Sie erklärte Josephine: „Hier wurden viele Jüdinnen und Juden zu Gewaltmärschen gezwungen, kurz bevor die Konzentrationslager befreit wurden. Viele schafften es nicht und sie starben hier." Heidi war sehr ernst. Josephine versuchte, sich das Leiden der Menschen auf den Märschen vorzustellen. Sie betete in der Stille und bat Gott um Vergebung.

Heidi erzählte viele Geschichten über ihre Familie. Als ihr Vater im Zweiten Weltkrieg starb, war sie noch ein junges Mädchen.

Heute, fast 80 Jahre alt, vermisste sie noch immer ihren Vater. Sie ordnete Briefe, die ihr Vater während des Krieges an ihre Mutter schrieb, sogenannte Feldpostbriefe. Sie laß sie mehrere Male. Josephine hörte Heidis Trauer.

Frank sprach normalerweise nicht viel über seine Gefühle, aber auch er begann, sein Herz zu öffnen und erzählte von seiner tiefen Trauer über seine Frau und seine Tochter, die beide an Krebs gestorben waren. Josephine verstand Frank und seine stille Art und Weise jetzt besser. Sie dachte: „Wie konnte er jemals so tiefe Trauer aushalten?" Während sie Heidis und Franks seelischen Leiden zuhörte, betete Josephine im Stillen: „Jesus, bitte tröste ihre Herzen."

Nebenbei arbeitete Josephine an einem Artikel für ein Buch. Heidi las ihren Entwurf und gab ihr Feedback. Frank korrigierte ihre englische Grammatik. Sie freuten sich über ihr gemeinsames Zusammensein.

Josephine ging auch zu einem Nachbarschaftstreffen. Sie hörte die Erzählungen der Dorfbewohner. Frank übersetzte für sie ins Englische, und Josephine war dankbar für Franks Fürsorge. Die meisten Nachbarn wuchsen im säkularen Ostdeutschland auf und erzählten von ihren Schwierigkeiten, an einen Gott zu glauben. Die kommunistische Regierung damals versuchte nach Kräften, die Menschen von jeglichem anderen Glauben als den an den Sozialismus abzubringen. Als Josephine ihren inneren Auseinandersetzungen zuhörte, kam es ihr vor, als wäre sie in einer Zeitmaschine zurück in die DDR. Sie betete still für die Nachbarn, damit Gott ihre Herzen heile.

Sie besuchte einen evangelischen Gottesdienst und freute sich, eine von Heidis Freundinnen kennenzulernen, die ebenfalls in der DDR aufgewachsen war. Josephine war überrascht, dass die Freundin Kirchenlieder sang. Frank sang auch. Er hatte eine schöne Stimme.

Nachmittags hatte Josephine Zeit für sich und ging durch die Gegend. Sie sah die Schönheit der Häuser und segnete die Bewohnerimnnen und Bewohner im Namen Jesu.

Dann war es fast schon wieder Zeit, nach Amerika zurückzukehren. Am Abend ging Josephine in ihr Zimmer und dachte bei sich: „Hier werde ich bestens versorgt, genieße jeden Tag Kaffee und Kuchen und schlafe in einem bequemen Zimmer." Sie erinnerte sich an ihre Missionarsfreunde in Burundi, die mit ziemlich armen Menschen lebten. Sie hingegen fühlte sich wie in einem komfortablen geistlichen Erholungszentrum. Sie betete: „Gott, ist das die Missionsarbeit, die Du mir in Deutschland vorgeschlagen hast? Ich weiß nicht, was ich sonst noch tun könnte." Sie hörte eine kleine Stimme in ihr, die sagte: „Josephine, was glaubst Du was Missionsarbeit ist? Sie ist sich mit der Liebe, die Du von mir erhalten hast, um Menschen zu kümmern und sie zu lieben." Josephine kamen Tränen.

Sie hatte sich in der Tat um dieses ältere Paar gekümmert und sie getröstet. Sie hatte Gott um Vergebung für Deutschlands schreckliche Vergangenheit Vergangenheit gebeten und sie hatte Nachbarn gesegnet. Josephine spürte, dass Gott sie dafür nach Deutschland gebracht hatte. Sie erkannte, dass Gott wollte, dass sie lernt, wie sehr Gott sich um Menschen kümmert und sie liebt.

Schließlich landete Josephine wieder zurück zu Hause. Gerald begrüßte sie mit einer großen Umarmung: „Meine geliebte deutsche Missionarin kommt zurück!"

Josephine hatte Gottes Liebe erfahren. Sie betete weiter für die Menschen in Deutschland – mit eben Gottes Liebe.

Spirituelle Praxis

(1) Welche besondere, Ihnen eigene Gabe möchten Sie mit anderen teilen?

(2) Was ist Ihre ganz eigene Art mit Ihrer Gabe für andere Menschen da zu sein?

(3) Wie hat das Erleben der Liebe Gottes Ihr Leben und das Leben anderer, die Sie kennen, verwandelt?

Gebet

Gott, bitte hilf uns, unsere eigenen Gaben zu finden. Zeig uns, wie wir Liebe in unseren Alltag bringen können, damit wir Dein Herz verwirklichen.

(21)

Tobias erlebt seine Leidenschaft neu

„Seid gütig zueinander, seid barmherzig und ver-
gebt einander, wie auch Gott euch in Christus ver-
geben hat."

Epheser 4,32 (ZB)

Tobias war ein Pfarrer mit einer großen Leidenschaft: Er führte Menschen zu biblischen Stätten in Israel und Palästina, um ihren christlichen Glauben
zu erneuern und zu erden.

Seine Kinder waren jetzt erwachsen und hatten ihre eigenen Familien. Tobias wünschte sich manchmal, er hätte
früher mehr Zeit mit ihnen gehabt.

Eines Tages erhielt er eine E-Mail von Johannes, seinem
Ältesten. Johannes hatte neue Freunde kennengelernt,
die sich für Frieden und Verständigung zwischen Israelis
und Palästinensern einsetzten. Seine Frau Sue schlug vor,
mit seinem Vater eine Reise dorthin zu machen, wo doch

Tobias das Land und die Menschen dort so gut kannte. In der E-Mail fragten sie ihn, ob er das Heilige Land mit ihnen besuchen wolle. Es dauerte nur 10 Minuten bis Tobias antwortete: „Ja."

Er freute sich sehr auf diese Reise und die Gelegenheit, seinen Sohn noch besser kennenzulernen.

Sie trafen sich am Flughafen in Tel Aviv. Als Tobias ankam, schwenkten Sue und Johannes eine kleine israelische Flagge und Johannes rief: „Papa, willkommen in Tel Aviv!" Sie umarmten sich herzlich.

Ihr erster Halt war die antike Hafenstadt Jaffa. Teile der Stadt waren festlich gestimmt, weil Sukkot bevorstand, dem Laubhüttenfest, einem der großen jüdischen Feste, das an die Bewahrung des Volkes Israel während der Wanderung durch die Wüste erinnert. In Jaffa mischen sich junge Israelis mit jungen Palästinensern, sie reden, rauchen und trinken zusammen. Tobias dachte bei sich: „Was ist das hier für eine andere Welt! Keine Konflikte wie in Jerusalem oder Hebron und doch gar nicht so weit entfernt." Die gemeinschaftliche Atmosphäre war sehr erfrischend für ihn. Noch bis spät in der Nacht genoss er diesen Moment mit Sohn und Schwiegertochter in der warmen mediterranen Sommerluft, mit guten Gesprächen und einem kühlen Bier.

Am nächsten Morgen erkundeten sie die Stadt. Sie probierten lokale Speisen und machten Pause an einer Ecke gegenüber dem Haus von Simon, dem Gerber. Das Neue Testament berichtet, dass Petrus hier eine Gottesoffenbarung hatte. Tobias sah, dass Johannes und Sue im

Gebet waren und dachte bei sich was für ein frommes junges Paar sie seien.

Von Jaffa aus fuhren sie nach Galiläa. Unterwegs besuchte Tobias die jüdische Familie eines lieben Freundes, mit dem zusammen er viele Jahre für Versöhnung gearbeitet hatte. Der Freund war inzwischen verstorben, aber Tobias hielt Verbindung zu dessen Familie. Er und Johannes trugen eine Kippa, die für jüdische Männer übliche Kopfbedeckung. Zusammen genossen sie ein ausgedehntes Abendessen in der Laubhütte und erzählten von der gemeinsamen Versöhnungsarbeit. Tobias war glücklich darüber, dass er mit Sue und Johannes erleben konnte, was ihm so am Herzen lag.

Es war eine herrliche Fahrt zum See Genezareth. Still und ruhig lag der See da. Tobias und Johannes standen früh am Morgen auf und schwammen hinaus.

Beim Frühstück erzählte Johannes Sue vom Schwimmen: „Als ich die wunderschöne Sonne über den Golan-Höhen aufgehen sah, fühlte es sich an, als ob Jesus auferstehen würde – heute und jeden Morgen wieder neu." Sue antwortete: „Wow, Johannes, was Dir da gekommen ist, war ja ein Geschenk Gottes!"

Mehrere Tage blieben sie am See Genezareth. Tobias führte sie zur Ausgrabungsstätte einer alten Synagoge, zum Platz von der Wundergeschichte der Speisung der 5000 und nach Kapernaum, wo von Jesus mehrere Heilungsgeschichten erzählt werden.

Sie waren fast traurig, die schöne Gegend um den See verlassen zu müssen, aber es war Zeit, nach Nazareth hinaufzukommen. Anschließend fuhren sie am Jordan entlang nach Jericho und von dort durch die judäische Wüste nach Jerusalem. Als sie dort zur Klagemauer kamen, der Westmauer des Tempels, steckte Tobias einen Gebetszettel in einen Riss zwischen den Steinen. Er betete, Gott möge Frieden schaffen zwischen Palästinensern und Israelis.

In der Grabeskirche trafen sie auf viele Touristinnen und Touristen. Die Kirche wurde errichtet über dem mutmaßlichen Ort der Kreuzigung Jesu und über dem leeren Grab. Auf der Via Dolorosa schleppte ein Mann ein Kreuz, gefolgt von einer kleinen Gruppe von Pilgerinnen and Pilgern. Tobias hielt wenig von dieser Art Erinnerung. Er merkte an, dass Jesus sein Kreuz vermutlich nicht genau auf dieser Straße getragen hatte, sondern etwas weiter südlich. „Aber gut, es war sicher irgendwo in dieser Gegend." Er erzählte, dass er den Teilnehmenden seiner Reisegruppen zu einem Glauben unabhängig von historischen Tatsachen helfen wolle, denen man sich doch nie ganz sicher sein könne.

Dann führte Tobias Johannes und Sue zur Holocaust-Gedenkstätte Yad Vashem. Für Tobias war der unvergessliche Terror, an den hier für immer erinnert wird, nicht nur das schreckliche Verbrechen des Staates. Er hat auch sein persönliches Christsein geprägt. Er sah, wie sein Sohn in der Halle der Erinnerung, in der die vielen Konzentrationslager markiert sind, kniete und beide fühlten, wie tief und schwer die Erinnerung an die Vergangenheit auf ihren Schultern liegt.

An den beiden letzten Tagen ihrer Reise wollte Tobias Bethlehem besuchen, die Geburtsstadt von Jesus. Sie trafen sich dort mit seiner Bekannten Wafa. Sie ist eine palästinensische Reiseführerin, die in Deutschland aufgewachsen war. Sie erzählte ihnen von den täglichen Hürden, die ihr Sohn an den Check-Points auf dem Weg zu seiner Arbeitsstelle überwinden musste. Sie nahm sie mit zu der Olivenplantage ihrer Familie, die durch die Sperrmauer einer Siedlung halbiert worden war.

Die hautnahen Erzählungen von den Erlebnissen der einheimischen Bevölkerung machte diesen Besuch zu etwas ganz Besonderem. Sie konnten ihre Spannungen und Schmerzen spüren.

Anschließend fuhren sie durch das trockene Land Richtung Süden nach Hebron und zu Abrahams Grab. An einer Straßenkreuzung gerieten sie unvermittelt in einen Aufruhr – auf der einen Seite palästinensische Demonstranten, auf der anderen Seite die israelische Armee. Sie hörten Schüsse. Die Einheimischen rieten ihnen, schnell wieder umzudrehen.

Sie kehrten also um und hielten stattdessen bei einer Töpferwerkstatt. Zur Erinnerung an ihre Reise wollte Sue Becher und Teller kaufen. Johannes sagte: „Diese farbenfrohe palästinensische Keramik wird ein Glanz in unserer Küche sein." Wafa lächelte und antwortete: „Bitte vergesst uns nicht, wenn Ihr wieder zu Hause seid."

Dann kamen sie an einer palästinensischen Farm vorbei. Die Familie, der sie seit hundert Jahren gehörte, nannte sie „Tent of Nations". Neben ihrer Landwirtschaft luden sie dort v.a. zu Bildungsprogrammen über Gewaltlosigkeit ein. Johannes war tief bewegt von ihrem Motto, das er am Eingang gelesen hatte: „Wir weigern uns, Feinde zu sein!"

Wieder zurück in Israel war ihre letzte Station das Dorf Neve Shalom/Wahat al Salam. Hier leben und arbeiten jüdische und palästinensische Familien zusammen und erziehen ihre Kinder gemeinsam. Die drei überlegten: „Es muss doch einen Weg zum Frieden geben, wenn es so ein großes Engagement gibt."

Am Abend saßen sie in dem Dorf auf einer Bank. Es war Zeit, nach 10 Tagen über alles nachzudenken, was sie in Israel und Palästina erlebt hatten. Tobias sagte: „Diese Reise mit Euch war für mich richtig erholsam. Es gab keine Verpflichtungen und ich war nicht wie üblich verantwortlich für eine Gruppe von 40 Personen. Ich hatte auf diesen Reisen früher manchmal so tiefe, ja sogar göttliche Erfahrungen, aber es gab meist kaum Gelegenheit, davon zu erzählen. Ich bin froh, dass ich Euch diese bedeutsamen Augenblicke weitergeben konnte." Sie schwiegen lange und beobachteten, wie die Sonne unterging.

Johannes sprach aus der Stille heraus: „Papa, wir haben jetzt erlebt, was für Dich so wichtig ist. Wie gut, dass wir diese Zeit zusammen hatten. Ich kann Dich jetzt viel besser verstehen. Und durch Deine Führungen und Erklärungen an den historischen Stätten verstehen wir jetzt auch die Bibel besser. Ich habe das Gefühl, dass mit dem Geist, der hinter den biblischen Geschichten steckt, auch mein Glaube an Jesus tiefer wurde."

Für Tobias war es eine große Freude, dass sein Sohn und seine Schwiegertochter seine Leidenschaft teilen konnten.

Spirituelle Praxis

(1) Wie haben Sie Ihre Leidenschaft für etwas entwickelt?

(2) Wie können Sie sie mit anderen teilen?

(3) Welche Erfahrungen haben Sie gemacht, wenn Sie die Leidenschaften anderer miterlebten? Wie hat Ihnen das geholfen in Ihrem eigenen spirituellen Wachstums- und Heilungsprozess?

Gebet

Gott, danke für Deine Leidenschaft, auf Menschen zuzugehen, und uns zu helfen, ein fürsorgliches Herz zu entwickeln.

(22)

Martin erkennt, was ihn hält

„Schaffe mir, Gott, ein reines Herz, und gib mir ei-
nen neuen, beständigen Geist."

Psalm 51,12 (ZB)

Martin, ein weißer College-Student, wuchs in Afrika als Kind von amerikanischen Missiona-ren auf. Seine Eltern waren tiefgläubige Christen und zogen nach Afrika, um mit örtlichen Bauern Bewässerungssysteme zu entwickeln.

Martin war ein sensibles Kind. Seine Eltern unterstützten ihn, aber es war sehr schwierig für ihn, der Armut und der unbekannten Kultur ausgesetzt zu sein. Es war nicht einfach, neue Freunde zu bekommen. Seine Familie zog häufig um, von einem Missionsprojekt zum nächsten.

In der christlichen Glaubensgemeinschaft fühlte er sich aber gut. Er hatte eine enge Beziehung zu Gott. Seine Liebe zur Musik und Gitarre waren oft ein Trost für ihn. Er verbrachte viel Zeit in der Kirche.

Als Jugendlicher durchlebte er dann eine psychische Krise. Er musste sogar stationär behandelt werden, und dies trennte ihn von seiner geliebten Kirche, Freunden und seiner Familie. Seitdem hatte er Angst, Gott zu nahe zu sein.

Als er 19 war, zog er allein nach Amerika zurück, um aufs College zu gehen. Das erste Jahr dort war hart. Er schaffte nur knapp die akademischen Anforderungen und er fühlte sich ziemlich einsam. Es war auch ein ziemlicher Kulturschock für ihn, denn er war um Armut herum aufgewachsen und lebte jetzt mit Kommilitonen und Kommilitoninnen zusammen, die Smartphones und manche sogar teure Autos hatten. Alles war sehr schnell. Die Fülle auf dem ganzen Campus überwältigte ihn, denn er selbst hatte wenig.

Dennoch war Martin sehr dankbar, an einer Universität studieren zu können. Während der Sommerferien besuchte er seinen Onkel und seine Tante in Los Angeles. Sie kümmerten sich sehr um ihn, sie hörten ihm zu, wenn er von seinen Problemen erzählte und sprachen mit ihm über seinen zukünftigen Weg.

Eines Abends fragte seine Tante Martin, ob er seine Sorgen zusammen mit einer Seelsorgerin betrachten wolle. An der Universität war Martin zwar Teil einer christlichen Gemeinschaft, aber irgendwie fehlte etwas. Er sehnte sich danach, Gott wieder näher zu sein, aber gleichzeitig hatte er Angst davor wegen seiner früheren Psychose.

Martin kontaktierte die geistliche Begleiterin, die seine Tante empfohlen hatte.

Sandra, so hieß sie, hörte aufmerksam seinen Erzählungen zu. Sie fragte ihn, ob er über seinen spirituellen Weg bis heute nachdenken wolle. Sie gab ihm ein Blatt Papier und zeigte ihm, wie man einen spirituellen Lebensweg aufzeichnet. Dazu gehörten besondere Anlässe, Traumata, Auf und Abs, Missgeschicke.

Als Martin schrieb und auf dem Papier zeichnete, war er überrascht, dass er den Beginn seines spirituellen Weges mit der Zeit seines Krankenhausaufenthalts verband. Sandra fragte ihn: „Wie war Deine Erfahrung von Gott in jenen Tagen?" In ihm entstand ein Bild: Er sah sich mitten in einem wilden Feuer, das ihn zu verbrennen drohte.

Er sagte: „Gott war wie ein brennendes Feuer, das mich fast auffraß. Ich war im Feuer. Nur Gott war da, aber ich selbst nicht. Ich war zu sehr in meine Beziehung mit Gott verstrickt."

Dann zeichnete er aus der Zeit seines College-Lebens. Es kam ihm, dass dies die zweite Stufe seines geistlichen Lebensweges war. Es war überhaupt eine neue Etappe in seinem Leben. Er öffnete sich anderen gegenüber mehr. Er studierte gerne alleine, aber nicht mehr nur einsam in seinem Studentenheimzimmer. Stattdessen ging er in die Bibliothek, wo er von anderen Studentinnen und Studenten umgeben war. Er merkte, wie ihre Anwesenheit ihn ermutigte, sich ganz auf das Studium zu konzentrieren.

Sandra fragte ihn, wie sich sein Gottesbild während des Studiums verändert hatte. Er sagte: „Gott ist für mich jetzt wie ein großer Baum. Um diesen hohen, kräftigen Baum herum gibt es viele kleine Bäume. Ich bin einer dieser kleinen Bäume, die ein wenig Abstand zum großen Baum haben, aber immer noch unter seinem Schatten sind. Der große Baum nährt und schützt jeden kleinen Baum. Mein kleiner Baum wächst eigenständig und hat dennoch eine enge Beziehung zum großen Baum."

Ihm war es, als ob in dem Bild all die kleinen Bäume Menschen seien, die sich geistlich in Verbindung mit Gott weiterentwickelten.

Mit solcher Selbstreflexion begann Martin langsam, sich wieder sicher und Gott nahezufühlen. Gott überwältigte und verzehrte ihn nicht mehr wie ein wildes Feuer. „Ich habe jetzt eine gesunde Distanz zu Gott, ich bin nicht mehr mit ihm oder ihr verstrickt, aber weiterhin und immer mehr unter Gottes nährendem Schutz."

Und er merkte auch, wie ihn die Musik über die Jahre gehalten hatte. Er sagte: „Jetzt kann ich wieder meine Gitarre in die Hand nehmen, um zu singen und Gott zu preisen."

Spirituelle Praxis

(1) Was war Ihr Bild von Gott, als Sie in einer Krise waren?

(2) Wie hat sich Ihr Bild von Gott und Ihre Beziehung zu Gott im Laufe der Zeit verändert?

(3) Was hat Sie auf Ihrem spirituellen Lebensweg immer wieder aufrechterhalten?

Gebet

Gott, hilf mir, das spirituelle Band zu sehen, das mich in meinen Höhen und Tiefen durch mein Leben gehalten hat.

(23)

Ein besonderes Segnen

„Alle, die an mich glauben, über die heißt es in der Schrift: Flüsse lebendigen Wassers werden aus ihrem Inneren fließen."

Johannes 7,38b (BigS)

Jerome studierte systematische Theologie in einem Promotionsstudium in Frankfurt. Er war ein sehr guter Wissenschaftler und hatte auch ein großes seelsorgerliches Herz. Die Seelen der Menschen lagen ihm am Herzen. Er war als Sohn eines Predigers im amerikanischen Süden aufgewachsen.

Sein Ziel war es, eines Tages Präsident einer amerikanischen Universität zu werden.

In Frankfurt traf Jerome Fabian. Fabian war für einen Sommerjob in der Stadt. Er war vor Jahren während des Studiums in der Hochschulgemeinde einer Universität gewesen und hatte selbst mehrere Kurse in Theologie belegt.

Beide Männer waren Ende dreißig. Sie wohnten im gleichen Wohnheim einer jesuitisch-philosophischen Hochschule. Es war günstig und hatte eine ruhige, spirituelle Atmosphäre.

Sie wurden gute Freunde. Jerome war froh, einen deutschen Freund zu haben und die Sprache zu üben. Sie unterhielten sich gerne über Theologen wie John Cobb, Paul Tillich und Friedrich David Schleiermacher.

Sie tranken öfter zusammen Tee. Eines Abends, nachdem Fabian seine Arbeit beendet hatte, besuchte er Jerome. Jerome sagte zu ihm: „Gib mir ein paar Minuten", und er ging in die Küche. Fabian dachte, dass Jerome etwas Tee mitbringen würde. Aber Jerome brauchte ein wenig länger als sonst.

Als er zurückkehrte, sah Fabian einen großen grünen Eimer mit Wasser in seinen Händen, aber keine Tassen und keine Teekanne. Jerome sagte: „Fabian, warte noch ein paar Minuten." Jetzt war Fabian neugierig, was Jerome vorhatte.

Als Jerome diesmal zurückkam, hatte er ein Handtuch und Seife bei sich. Jerome gab ein bisschen Seife in den Eimer und sagte: „Fabian, ich werde jetzt Deine Füße waschen. Mach Dir keine Sorgen. Gib mir Deine Füße." Fabian fühlte sich ruhig. Er erlaubte seinem Freund, seine Füße zu waschen.

Fabian empfand Wärme, Akzeptanz und Liebe. Er fragte Jerome nicht, warum er dies tat. Er erinnerte sich an eine Zeit mit seiner Freundin Sue, als er dasselbe mit ihr machte. Er wusch Sues Füße wie Jesus seinen Jüngern die Füße wusch. Jesus bat seine Jüngerinnen und Jünger, anderen zu dienen, wie er ihnen gedient hat. Als Fabian Sues Füße wusch, war es eine besondere und bedeutungsvolle Erfahrung für beide. Es war eine Art, gegenseitigen Respekt und Akzeptanz voreinander und vor Gott zu zeigen. Er war dankbar, dass Jerome ihn an eine wichtige Zeit mit seiner Freundin erinnerte.

Fabian war auch dankbar, dass ihre Freundschaft über gesellschaftliche Muster und Geschichte hinausging, denn Jerome war schwarz und Fabian war weiß. Er dachte zu sich: „Irgendwann wird Jerome ein großer Professor sein denn er hat ein so fürsorgliches Herz."

Später am Abend konnte Fabian es kaum erwarten, Sue anzurufen. „Sue, ich versuchte bewusst nicht darüber nachzudenken, warum Jerome meine Füße wusch. Ich habe es einfach als das wertgeschätzt, was es war. Ich habe es nicht analysiert. Ich genoss einfach diesen Moment der gemeinsamen Bescheidenheit und Würde."

Ein paar Jahre später kehrte Jerome nach Amerika zurück und wurde Professor für systematische Theologie an einem College. Er lehrte Studentinnen und Studenten und diente ihnen als Universitätsseelsorger. Er blieb mit Fabian in gutem Kontakt.

Jerome dachte oft an Fabian, wenn er über seinen eigenen Glauben nachdachte. Er erinnerte sich an Fabians warme und sanfte Persönlichkeit und wusste, dass sowohl er als auch Sue in der Seelsorge tätig waren. Auch Fabian erinnerte sich oft daran, dass Jerome für ihn und sie ein Vorbild in der Art und Weise war, wie Jerome Wissenschaft mit einem fürsorglichen Herzen verband.

Am Tag von Jeromes Ernennungsfeier rief ihn Fabian an. Fabian sagte: „Jerome, herzlichen Glückwunsch! Du bist Professor geworden. Gottes Segen für Dich, mein Freund. Mögest Du in Zukunft dann auch Universitätspräsident werden." Sie lachten zusammen.

Jerome und Fabian schätzten beide ihre Freundschaft, weil sie sich respektierten und gegenseitig ermutigten, diejeniger zu werden, die sie waren.

Spirituelle Praxis

(1) Haben Sie jemals erlebt, dass Sie unerwartet gesegnet wurden?

(2) Wie haben Sie auf dieses Geschenk reagiert?

(3) Was hindert Sie daran oder ermutigt Sie, gegenseitige Akzeptanz in Ihrem Leben zu schätzen?

Gebet

Jesus, hilf mir, gegenseitigen Respekt und Wertschätzung zu lernen und auch, dass sie frei aus meinem Herzen fließen mögen.

(24)

Wie kann ich etwas, was mir am Herzen liegt, wiederfinden?

„Oder welche Frau, die zehn Drachmen besitzt und eine davon verloren hat, zündet nicht ein Licht an, kehrt das Haus und sucht eifrig, bis sie sie findet?"

Lukas 15,8 (ZB)

Steven liebte es, am Strand fürs Studium zu lernen. Er genoss es, am Strand ab und zu spazieren zu gehen und sich auszuruhen und zu beten. Sein kleiner Strandmuschel-Sonnenschutz war sein Rückzugsort.

Er sah andere Leute am Strand lachen, Surfbretter tragen und Fahrradfahren. Es war wie ein Sommergemälde.

Eines Tages fand er ein italienisches Restaurant in der Nähe, das zu seinem Studentenbudget passte. Er liebte die offene Atmosphäre im Freien des Restaurants. Die Gemüsespaghetti wurden zu seinem Lieblingsgericht. Sie wurden wirklich heiß serviert und die Sauce war auch sehr lecker.

Aber als er an diesem Abend nach Hause zurückkehrte, bemerkte er, dass er seine Tasche in dem Restaurant vergessen hatte. Und in der Tasche war sein Notizblock aus einem Seminar über psychosoziale Aspekte in der Allgemeinmedizin. Er schätzte dieses Fach besonders und schrieb akribisch mit. Er wollte nicht daran denken, dass er seine Notizen verloren haben könnte.

Am nächsten Nachmittag fuhr Steven in das Restaurant zurück. Er fragte höflich eine Kellnerin, ob eine schwarze Tasche gefunden worden sei. Sie schaute sich kurz und hastig um, kehrte zurück und sagte: „Nein, tut mir leid." Sie war ein wenig abweisend.

Ihre Gleichgültigkeit ärgerte ihn. Wie könnte er dennoch sein Notizbuch wieder finden? Er war sich sicher, dass er seine Tasche am Vortag auf einem Stuhl in dem Restaurant zurückgelassen hatte. Anstatt aber die Kellnerin zu belästigen, ging er zurück an den Strand und betete darum, was er tun solle.

Er war immer noch verärgert und unzufrieden mit der Kellnerin. Während seines stillen Gebets spürte er, dass es besser sei, sich nicht aufzuregen und stattdessen später nochmal zu einem etwas frühen Abendessen in das Restaurant zurückzukehren. In der Zwischenzeit lernte er weiter.

Als es dann Zeit zu essen war, setzte er sich an denselben Tisch wie am Tag davor und bestellte das gleiche heiße Gemüsespaghetti Gericht. Er hoffte, dass sich jemand an ihn und seine Tasche erinnern würde.

Auch die gleiche Kellnerin bediente ihm. Diesmal war sie höflich, aber als er fragte, ob sie mittlerweile seine

Tasche gesehen habe, machte sie sich wieder kaum Mühe, sie zu finden.

Dann sah Steven den Manager in der Nähe stehen und mit der Kellnerin sprechen. Er ging auf ihn zu und fragte nach seiner Tasche. Der Manager war auch nicht besonders freundlich, aber er bemühte sich und rief seinen Kollegen an. Der erinnerte sich, dass er gestern Abend eine schwarze Tasche auf seinem Schreibtisch gesehen hatte.

Und tatsächlich, sie fanden die Tasche und gaben sie Steven zurück. Aber sie war leer – sein Notizbuch war nicht drin!

Der Manager bat einen anderen Kellner, im Müll zu schauen. Steven half und gemeinsam öffneten sie mehrere Abfallsäcke, gefüllt mit Essensresten und leeren Dosen. Es machte keinen Spaß – und doch, da war es, sein Notizbuch! Nass, aber ohne Tomatensauce. Er konnte seine Aufzeichnungen noch gut lesen. Steven war sehr dankbar. Er sagte: „Danke, Gott. Danke, Manager und Kellner!"

Er nahm das Notizbuch mit zurück zum Strand. Während er sich unter seinem Sonnenschutz ausruhte, blätterte der warme Abendwind die Seiten seines Notizbuchs um und trocknete sie eine nach der anderen. Steven schaute mit einem zufriedenen Lächeln zu. Er fühlte, dass ihn seine Zeit im stillen Beten gut geleitet hatte.

Spirituelle Praxis

(1) Was haben Sie sehr geschätzt und dann verloren?

(2) Wie könnten Sie Ihren verlorenen Schatz finden?

(3) Oder könnten Sie ihn vielleicht mit etwas ganz anderem ersetzen?

Gebet

Gott, hilf mir, zu finden, was mir wichtig ist. Es ist mitten in meinem vollen Alltag verloren gegangen.

(25)

Die inhärente Würde eines jeden und jeder

„Gehe frohen Mutes durch den Tag und antworte auf das von Gott in jedem Menschen."

George Fox (1624–1691)

Camilla führte ihren eigenen Laden. Jeden Mittwochmorgen nahm sie an einem Treffen mit anderen Geschäftsinhabern teil, darunter einem Zahnarzt, einem Chiropraktiker, einem Buchhalter und einem Makler. Sie unterstützten einander, gaben sich Tipps und vermittelten sich gegenseitig Kundinnen und Kunden.

Vor kurzem bekam Camilla einen starken Schmerz in den Lendenwirbeln. Um ihn zu lindern, wollte sie jeden Tag eine Stunde zu gehen. Wie ihr frühmorgendliches Gebet wurde das Gehen zu einem Ritual.

Nachdem die Treffen vorbei waren, ging sie zu ihrem Laden. Auf ihrem Weg bemerkte sie immer mehr

Obdachlose. Sie schliefen auf Gehwegen, vor Kirchen oder in versteckten Ecken von Gebäuden.

Heute sah sie einen obdachlosen Mann auf einem Bürgersteig liegen. Im Gegensatz zu anderen Obdachlosen hatte dieser Mann keine Habseligkeiten bei sich. Er trug ein schäbiges Hemd und Jeans und hielt einen gebrochenen Stock in der Hand. Obwohl er wohl erschöpft war, sah sein Gesicht ziemlich friedlich aus und es schien, als ob ihm nichts wirklich wichtig wäre.

Camilla sah ihn mit ein paar Metern Entfernung an. Als sie ihm näherkam, konnte sie nicht einfach an ihm vorbeigehen. Sie sah keinerlei Bewegung seines Körpers. Sie fürchtete, er könnte ohnmächtig geworden sein. Mehrmals ging sie an ihm vorbei, hin und her. Schließlich fand sie den Mut, ihn anzusprechen: „Hallo, hallo!"

Er gab keine Antwort. Sie nahm einen Fünf-Dollar-Schein aus ihrer Handtasche und sagte zu ihm: „Ich möchte Ihnen etwas Geld geben."

Da öffnete der regungslose Mann die Augen und sah sie an. Sie war erleichtert. Sie gab ihm das Geld. Er setzte sich auf, nahm es und steckte es in seine Tasche. Er sagte: „Danke, Frau." Dann legte er sich wieder hin.

Camilla ging weiter. Sie dachte sich: „Wie kann ich einem Menschen wie ihm helfen? Ich kann ihm ein bisschen Geld geben. Aber was kann mein weniges Geld für diesen Mann schon tun, angesichts seiner großen Hilflosigkeit und Armut?"

Später am selben Tag erhielt sie einen Anruf von einem Kunden, der sich dafür entschuldigte, seine Rechnung nicht rechtzeitig bezahlt zu haben. Er fragte, ob er heute Nachmittag noch einen Scheck vorbeibringen könne.

Camilla sagte: „Ja, natürlich. Vielen Dank, dass Sie sich daran erinnert haben. Wir sind ja alle sehr beschäftigt."

Der Kunde kam und als er seine Rechnung bezahlte, legte er noch fünf Dollar drauf. „Bitte, Camilla, behalten Sie das zusätzliche Geld. Ich weiß, dass es nicht einfach ist, einen kleinen Laden zu besitzen, und es tut mir leid, dass ich mit der Bezahlung so spät dran war."

Das Geld, das sie heute verschenkt hatte, war gerade zu ihr zurückgekehrt.

Nachdem der Kunde gegangen war, dachte Camilla, dass sie sich nicht zu viel aus diesem Zufall machen sollte. Aber sie fühlte, dass es doch etwas Besonderes war. Es schien, als ob Gott ihre Sorge um den Obdachlosen würdigte.

Ihr Tag war gut und sie war zufrieden. Sie spürte die Gegenwart Gottes inmitten ihrer Arbeit. Sie fühlte sich ermutigt. Irgendwie hatte der Obdachlose Camilla ein viel größeres Geschenk gegeben als sie ihm.

Sie dachte sich: „Was ich tun kann, mag nicht viel sein, aber es ist wenigstens etwas." Sie begann, ein regelmäßiges Frühstück für obdachlose Frauen in ihrer Stadt zu unterstützen. Manchmal bestellte sie ein zusätzliches Mittagessen, wenn sie wusste, dass sie einem Obdachlosen auf dem Weg vom Resturant begegnen würde.

Sie betete für jeden Obdachlosen und jede Obdachlose, auf die sie traf.

Spirituelle Praxis

(1) Haben Sie einmal Gottes Gegenwart erlebt? In welcher Situation?

(2) Welches ist Ihre eigene spirituelle Grundlage, von der aus Sie auf Menschen in schwierigen Situationen zugehen?

(3) Was ermöglicht es Ihnen, die Würde eines und einer jeden zu sehen, wenn Sie Menschen in einer verzweifelten Situation sehen?

Gebet

Gott, hilf uns, die inhärente Würde eines jeden Menschen zu achten.

(26)

Es blüht!

*„Am Morgen säe deinen Samen, und am Abend
lass deine Hand nicht ruhen; denn du weißt nicht,
was gedeihen wird, ob dieses oder jenes oder ob
beides gleich gut gerät."*

Prediger 11,6 (ZB)

Maria und Toni zogen in eine Wohnung im hinteren Teil eines kleinen Doppelhauses. Die
Wohnung im vorderen Teil war an eine Musikerin, Sarah,
vermietet. Auf dem Grundstück lebte auch eine Familie
aus Indien in einem zweiten Gebäude. Alle Mieter teilten
sich eine schmale Einfahrt.

Maria und Toni genossen den Garten. Er war um einiges größer als ihre Wohnung. Er bot ihnen einen herrlichen Blick auf Palmen und den weiten offenen Himmel. Es
gab noch eine kleine Hütte in der hinteren Ecke des Grundstücks. Ein Nachbar ließ gelegentlich eine der Wände der
Hütte wie eine Tür herunter und hatte so eine nette kleine
Schreinerwerkstatt.

Das Anwesen war ruhig und die Mieter fühlten sich manchmal, als lebten sie in einem kleinen Erholungszentrum. Als Maria und Toni morgens aufwachten, ruhten streunende Katzen auf dem Dach ihres Autos.

Maria wollte Gemüsebeete anbauen und weitere Obstbäume aufziehen. Ein früherer Bewohner hatte bereits eine Zitrone und einen Orangenbaum gepflanzt. Rosen blühten schön in zwei großen Töpfen.

An einem frühen Samstagmorgen richteten Maria und Toni die Beete ein. Sie gruben Erde, gossen Biodüngemittel und wässerten, bis der Boden gründlich nass war. Bis zum Nachmittag waren vier Gemüsebeete fertig. Voilà!

Toni war froh, dass er seiner Frau helfen konnte. Sie war oft alleine am Wochenende, weil Toni jedes zweite Wochenende arbeiten musste. Es war nicht einfach für sie, genug Zeit füreinander zu haben.

Ein paar Tage später erzählte Toni Maria, dass er der Dame in der vorderen Wohnung ein Beet und ein weiteres der indischen Familie geben wolle. Maria blieben dann nur zwei Beete übrig. Sie war ein wenig enttäuscht, aber sie sagte: „Lass uns Samen in unsere Beete legen, Toni." Sie streuten Bio-Samen für Tomaten, Bohnen, Rucola, Salat, Karotten und Gurken.

Während der Sommerabende goss Maria oft alle vier Beete und bald merkte sie, dass auch ihre Nachbarn alle vier Beete gossen. Die der Nachbarn waren voll von Kirschtomaten, auch eine Minze wuchs gut unter dem Schatten der Blätter von grünen Bohnenpflanzen. Rucola und Salat blühten in Marias Beeten. Sie teilte sie mit ihren Nachbarn. So wurde ihr Garten zu einem Gemeinschaftsgarten.

Wann immer Maria auch nur einen kleinen Samen sah, legte sie ihn auf einen der Beete. Nachdem sie eine Honigmelone gegessen hatte, warf sie auch deren Samen auf ein Beet. Bald sah sie eine kleine Melone wachsen. Dann pflanzte sie Kürbiskerne, und ein kleiner Kürbis wuchs.

Sie war sehr glücklich. Wo immer sie Samen säte, wuchs Leben.

Vögel sangen oft von den Bäumen des Nachbarhauses. Sie ließen Sonnenblumensamen in der Nähe der Beete fallen. Wie aus dem nichts schossen starke Stiele hoch und leuchtend gelbe Sonnenblumen erhellten den Garten. Mit Dankbarkeit erkannte Maria das Geschenk der Fülle, das sie durch die Schaffung und dem Teilen ihres Gartens bekommen hatte.

Spirituelle Praxis

(1) Wie pflanzen oder kultivieren Sie die Lebensfreude?

(2) Wann und wo könnten Sie das tun?

(3) Wie könnten Sie Ihre Freude teilen?

Gebet

Quelle des Lebens, wir danken Dir dafür, dass Du unsere Augen öffnest, damit wir die verborgene Kraft des Lebens sehen. Bitte hilf uns, daran mitzuwirken, dass sie lebendig bleibt.

(27)

Wie Marthas Traurigkeit darüber, kein Kind bekommen zu können, sie zu sich selbst führte

„Wie eine Hirschkuh nach Wasserbächen verlangt, so verlangt meine Kehle nach dir, Gott! Meine Kehle dürstet nach der Gottheit, nach dem lebendigen Gott: Wann darf ich kommen, mich sehen lassen vor Gottes Antlitz? Meine Tränen sind mir zum Brot geworden Tag und Nacht, weil sie täglich zu mir sagen: Wo ist dein Gott? Darüber denke ich nach, lasse mein Leben an mir vorüberziehen: Ich ging voraus, führte sie an im Gedränge zum Haus Gottes bei Jubelgeschrei und Lobgesang, im Lärm der feiernden Pilgerschar."

Psalm 42,1–5 (BigS)

Martha und Jerry hatten spät geheiratet. Martha war bereits Anfang 40. Sie hofften, bald ein Baby zu bekommen. Das Paar betete zu Gott, dass sie ihnen ihren Wunsch erfülle.

Martha fragte sich oft, wie das Kind aussehen würde. Während ihrer Hochzeitsnacht hatte Jerry von einem 3-jährigen Jungen geträumt, der sehr gesund und fröhlich spielte. Nun erinnerte sich Martha, wie glücklich dieser Traum sie damals gemacht hatte.

Aber das Leben lief nicht wie erhofft. Martha und Jerry mussten sich ständig negativen Schwangerschaftstests stellen.

Bald besuchten sie einen sehr empfohlenen Fruchtbarkeitsarzt an einer großen Universität. Sie unterzogen sich vielen Tests: Hormone, Spermien, Eileiter. Aufgrund ihres Alters warnte der Arzt sie, dass ihr Kind Geburtsfehler haben könnte.

Martha und ihr Mann entschlossen sich für eine intrauterine Injektion. Aber danach war der Schwangerschaftstest auch wieder negativ. Traurige Gefühle überkamen sie. Martha war von allem seelisch und körperlich erschöpft.

Das Paar suchte Hilfe im Umgang mit den vielen Enttäuschungen. Sie gingen zu einer Selbsthilfegruppe für Unfruchtbarkeit. Die Teilnehmerinnen und Teilnehmer kamen aus verschiedenen Kulturen. Martha und Jerry waren gerne dabei.

Während des ersten Treffens der Gruppe hörte Martha die tiefe Verzweiflung der anderen Paare, viele Schuldgefühle und Schuldzuweisungen. Eine Frau erlitt mehrere Fehlgeburten. Eine andere hatte ein todgeborenes Baby und trauerte immer noch. Ein Paar ging so weit, dass es sein Haus verkaufte, um die Kosten für mehrere künstliche Befruchtungen zu bezahlen.

Martha war sehr bewegt von ihren Erzählungen. Sie waren schmerzhaft und sehr traurig.

Nach diesem ersten Treffen der Selbsthilfegruppe hatte Martha ein seltsames Gefühl der Wertschätzung, das aus ihrem tiefen Inneren emporkam. Sie erzählte Jerry, dass sie den Eindruck hatte, dass sie ihren eigenen Schmerz nicht mit der Trauer der anderen Paare vergleichen konnte. Irgendwie hatten die Erfahrungen der anderen ihre eigene Traurigkeit verringert.

Die Paare, die sie traf, und die Geschichten, die sie hörte, ließen Martha ihren eigenen Wunsch nach einem Baby genauer betrachten, aber nicht aus Verzweiflung, sondern aus einer inneren Ruhe heraus. Als Asiatin hörte Martha oft, dass ein Kind wichtig sei, gar notwendig, um eine Ehe zu stärken. Martha fragte sich: „Ist dieses kulturell vorgegebene Muss für mich richtig?" Sie dachte schon auch, dass ein Kind für Stabilität sorgen kann. Allerdings stellten sich in ihr einige neue Fragen: Warum will ich ein Kind? Was ist, wenn ich keine eigenen biologischen Kinder habe? Sollten wir ein Kind adoptieren? Wird es unserer Ehe an der besonderen Bindung fehlen, die ein Kind bewirken kann?

Während sie diese Gedanken in ihrem Herzen hielt, bemerkte sie auch, wie sehr sie ihren Mann schätzte. Für dieses Gefühl war sie sehr dankbar.

Und noch eine andere Frage kam in ihr auf: Warum ist mein Wunsch nach einem Kind offenbar nicht so verzweifelt wie der der anderen Paare in der Gruppe? Diese Fragen drängten sie dazu, sich ehrlich der zu stellen, die sie wirklich war.

In ihrem Nachdenken über sich selbst und ihrem Gebet kam sie jetzt zu ganz grunsätzlichen Fragen: Wer bin ich? Werde ich noch Wert haben, wenn ich kein eigenes biologisches Kind habe? Werde ich noch genug sein? Wo finde ich diese intime Liebe, die ich mit meinem eigenen Kind wohl haben würde? Und auch diese besondere Verantwortung?

Sie wurde sich bewusst, dass es eigentlich ihre Beziehung zu Gott war, die ihr Herz und ihr Denken öffnete. Sie begann sich nicht mehr nur als das zu sehen, was sie hatte, sondern als die, die sie in Gott ist.

Ihr neues Verständnis von sich selbst führte sie zu mehr Anteilnahme und fürsorglichen Gefühlen gegenüber anderen.

Spirituelle Praxis

(1) Was hindert Sie daran, sich gesellschaftlich, sozial oder spirituell so anzunehmen, wie Sie sind?

(2) Was schätzen Sie am meisten in Ihren Beziehungen zu sich selbst, Ihrem Partner oder Ihrer Partnerin, oder Ihrer Familie?

(3) Wie könnten Sie mit Gottes Hilfe und einem neuen geistlichen Verständnis einen Herzenswunsch oder eine Herausforderung in Ihrem Leben versöhnen oder jemand anderem dabei helfen?

Gebet

Gott, bitte hilf mir, gemeinsam mit Dir Licht und Hoffnung zu erschaffen, damit ich mich selbst und andere verstehe und akzeptiere.

(28)

Marlon entdeckt ihre Kraft

„Diejenigen, denen es an Lebensklugheit man-
gelt, die sollen Gott um Weisheit bitten, denn Gott
pflegt allen Glaubenden unterschiedslos zu geben,
um was sie bitten, und weist sie nicht zurück."

Jakobus 1,5 (BigS)

Marlon war eine Künstlerin, lebensfroh, gesel-
lig und spirituell. Sie arbeitete für eine kleine,
von den Eltern selbstverwaltete Schule, kümmerte sich um
die Kinder und hörte sich die Sorgen der Eltern an.

Kürzlich jedoch begann sie, sich von den Eltern und aus
ihrer geliebten Glaubensgemeinschaft zurückzuziehen. Sie
zog es vor, allein zu sein und inspirierende Bücher zu lesen.
Gelegentlich rief sie ihre Geschwister an. Wann immer sie
an ihre Kunst dachte, erwachten ihre Lebensgeister.

Marlon hatte zwei Sorgen: Ihren eigenen Rückzug von
Menschen und dann ihr Mann Jorgen, der unter schweren
Depressionen litt. Sie wurde traurig und auch nervös.

In letzter Zeit sorgte sich Marlon noch mehr um Jorgen, denn er entfernte sich emotional von ihr.

Marlon besuchte ihre Freundin Dana, mit der sie oft sprach. „Dana, ich habe Angst und bin deprimiert, wenn ich das Gefühl habe, dass Jorgen mich emotional verlässt." Sie hatte Tränen in den Augen.

Dana hörte ihr zu und schlug ein stilles Gebet vor. Sie sagte: „Marlon, warum beten wir nicht in der Stille und sehen, welche Einsichten Gott uns für Dein Anliegen gibt?" Leise legte Marlon ihre Sorgen vor Gott dar: „Meine Sorgen, Gott. Hilf mir, mit ihnen umzugehen. Was kann ich aus ihnen lernen? Gib mir Weisheit, mit ihnen umzugehen."

So hörten die beiden Freundinnen in der Stille auf Gott. Nach einiger Zeit sprach Dana und sagte, dass ein Gefühl zu ihr kam, als ob ein großer Felsen auf Marlons Weg läge.

Ohne zu zögern, sagte Marlon: „Ja, so fühle ich mich! Ich bin festgefahren. Ich weiß nicht, wie ich diesen schweren Felsen entfernen soll."

Dana wusste, dass Marlon sich gerne durch Zeichnen ausdrückte. Sie reichte ihr ein Stück Papier und Bunt- und Bleistifte. Sie sagte: „Marlon, würdest Du gerne zeichnen, wie Du Dich fühlst?"

Marlon skizzierte eine Straße mit einem großen Felsen darauf. Sie färbte den Felsen schwarz. Dann fügte sie drei kleine Blumen auf dem Felsen hinzu in gelb. Sie zeichnete Nieselregen und graue Wolken und neben ihnen einen bunten kleinen Regenbogen.

Marlon schaute auf ihre Zeichnung. Sie malte eine Person hinzu, die zwischen dem Felsen und ihrer Umgebung stand. Die Person zeigte auf den Felsen. Hinter dieser Person zeichnete Marlon Bücher, ein Telefon, mehrere große Bäume und zwei kleine Hände im Gebet.

Dana fragte nach der Bedeutung der Zeichnung. Marlon erklärte die Objekte nacheinander: „Die beiden kleinen Blumen sind meine beiden Kinder. Der Nieselregen ist meine Traurigkeit. Der Regenbogen, die inspirierenden Bücher, das Telefon und die Gebetshände sind meine Helfer, die meine trockene Seele nähren."

Dana fragte Marlon: „Was macht diese Person hier? Sie scheint wie eine Öffnung zu sein, die Licht und Energie von diesen Helfern empfängt und dann an den Felsen weitergibt."

Marlon war ein wenig überrascht: „Wirklich? Ich wusste nicht, dass ich eine Öffnung für Licht und Energie war. Ich kann noch mehr Licht und Energie geben!" Mit einer gelben Kreide kritzelte sie Lichtstrahlen und füllte leere Stellen auf dem Felsen mit ihnen.

Marlon fuhr fort: „Ich dachte immer, der Fels sollte entfernt werden. Vielleicht sollte er das aber gar nicht." Sie lächelte. „Ich kann die Depression meines Mannes nicht ändern. Stattdessen kann ich mich auf meine Kunst konzentrieren, die mich unterstützt und dazu dienen kann, Jorgen zu inspirieren, seinen eigenen Heilungsweg zu finden. Die Kunst entzündet das Licht Gottes in mir und ermöglicht es mir, viel göttliche Energie in mich aufzunehmen."

Sie atmete tief durch. Sie schwieg eine Weile und dann sagte sie: „Ich wollte immer eine erfolgreiche Künstlerin sein, aber mein eigenes Leid und meine spirituellen Übungen führten mich zu einem anderen, tiefgründigen Ziel. Ich möchte eine Künstlerin sein, die in ihrer Arbeit spirituelle Eingebungen und das Göttliche umsetzt. Ich kann jetzt meine eigene Veränderung sehen."

Einige Monate später erhielt Marlon ein Stipendium für Künstlerinnen und Künstler, die Spiritualität in ihre Kunst einfließen lassen. Ihre Arbeit blühte auf und sie hatte viele Ausstellungen, alleine und gemeinsam mit anderen Künstlern. Mit der Zeit fanden ihr Mann und sein Psychiater die richtige Dosierung für seine Medikamente. Auch sein Arbeitgeber unterstützte ihn sehr.

Marlon spürte, dass ihr Mann sich ihr allmählich wieder mehr öffnete. Er erzählte ihr seine Gefühle, wenn er durch Angstzustände ging. Sie machte ihm einen beruhigenden Tee und hörte ihm zu.

Marlon und Jorgen waren froh, dass sie sich hatten. Marlons tiefere Beziehung zu Gott half ihr, das Auf und Ab zu überstehen – gemeinsam.

Spirituelle Praxis

(1) Können Sie sich ein Bild von Ihrem gegenwärtigen Leben vorstellen oder auch zeichnen?

(2) Wenn es darin einen großen Felsen gibt, was könnte Ihr Fels sein und wo genau ist er im Bild?

(3) Wie wollen Sie mit diesem Felsen umgehen?

(4) Welche sind Ihre spirituellen Quellen?

Gebet

Gott, gib uns Deine Weisheit, unsere eigenen inneren geistlichen und unsere äußeren Ressourcen zu erkennen, um mit unseren Sorgen umzugehen.

(29)

Caroline erkennt, wie sie ihre Tätigkeiten so ordnen kann, damit sie dem, was wirklich wichtig ist, mehr Zeit und Raum geben kann

„Wisst ihr nicht, dass ihr Gottes Tempel seid und dass Gottes Geist in euch wohnt?"

1. Korinther 3,16 (ZB)

Caroline arbeitete als Lebensberaterin. Sie hatte den Wunsch, ein Buch zu schreiben. Wegen ihres vollen Terminkalenders verschob sie ihr Schreiben jedoch immer wieder. Seit mehr als fünf Jahren hatte sie gemeinsam mit Psychotherapeuten eine kleine Beratungsstelle. Obwohl es Auf und Ab ging, stabilisierte sich die Praxis stetig, denn sie erhielt immer mehr Empfehlungen.

Doch dann sagten alle ihre Klientinnen und Klienten zwei Freitage hintereinander ihre Termine ab. Es fühlte sich fast unheimlich an. Als sie ihre Sorge mit ihrem Mann teilte, zuckte er mit den Achseln. „Das kann passieren." Aber Caroline verdrängte nicht die Frage, die in ihr hochkam: „Warum ist das passiert? Noch nie in den letzten fünf Jahren habe ich so viele Absagen in so kurzer Zeit gehabt."

Dazu kam, dass sie an Tagen mit vielen Klientinnen und Klienten ein seltsames Gefühl der Leere in sich spürte. Sie fragte sich: „Ist diese Beratungsarbeit wirklich genug für mich? Was brauche ich mehr?"

Am Abend rief Barbara Caroline an und erzählte ihr, dass ihr Mann, Mark, wegen seiner Arbeit am Gebetstreffen morgen nicht teilnehmen konnte.

Am nächsten Morgen kam Barbara also allein in Carolines Büro. Sie unterhielten sich eine Weile. Mit einem Lächeln im Gesicht schlug Barbara vor: „Caroline, wie wäre es, unser Treffen mit 15 Minuten Stille zu beginnen?" Während dieser stillen Zeit konnte sich Caroline aber nicht konzentrieren. Die seltsamen Klientenabsagen störten sie immer noch.

Nach der Stille erzählte Barbara, wie ihr Mann in der Woche zuvor vor Ärger über seine Eltern fast in die Luft gegangen war. Sie hatten ihn in eine ziemlich konservative Kirche eingeladen, in der der Pastor predigte, dass Ungläubige direkt in die Hölle kommen würden. Barbara sagte: „Mark war davon so tief verletzt, dass er den Gottesdienst wegen dieser Predigt verließ. Eigentlich wollte er deswegen gar nicht wieder zum christlichen Glauben zurückkehren. Aber immer, wenn wir unsere offenen Gespräche hier bei unserem Gebetstreffen haben, scheint er eigentlich seinen Glauben wieder finden zu wollen." Barbara war besorgt, dass ihr Mann jetzt seinen Glauben ganz verlieren könnte.

Dann war Caroline an der Reihe, zu erzählen, was in den letzten zwei Wochen passiert war. Sie sprach über ihre Frustration mit den Absagen der Klienten und ihren brennenden Wunsch, darauf eine Antwort zu finden.

Barbara nahm einen kleinen Notizblock aus ihrer Handtasche und legte ihn auf den runden Tisch vor ihnen. Darauf stand ein Vers aus dem Kapitel 12 von Paulus' Brief an die Römer: „Fügt euch nicht ins Schema dieser Welt, sondern verwandelt euch durch die Erneuerung eures Sinnes, dass ihr zu prüfen vermögt, was der Wille Gottes ist: das Gute und Wohlgefällige und Vollkommene." (ZB)

Barbara fragte ihre Freundin, ob sie gemeinsam mit dieser Stelle eine spirituelle Lesepraxis namens Lectio Divina machen wollten. Caroline stimmte zu. Sie hoffte, dass sie eine spirituelle Erkenntnis zu ihrer Sorge bekommen könnte.

Während einer Lectio Divina-Lesung eines biblischen Textes wird eine Passage dreimal gelesen. Nach dem ersten Lesen wählt jede Person ein Wort aus der Passage aus und wiederholt es innerlich mehrere Male. Nach der zweiten Lesung achtet jeder auf das Gefühl oder das Bild, das in ihm oder ihr hochkommt. Schließlich, nach der dritten Lesung, hört jeder zu, wie Gott in diesem Wort oder diesen Versen für ihn oder sie ist, und wozu er oder sie berufen sein könnte.

Barbara las den Bibelvers noch einmal. Die Worte „Erneuerung eures Sinnes" berührten ihr Herz. Caroline wurde zu „dass ihr zu prüfen vermögt, was der Wille Gottes ist" geführt.

Jetzt war Caroline an der Reihe, den Text vorzulesen. Diesmal, als sie über den Satz „dass ihr zu prüfen vermögt, was der Wille Gottes ist" meditierte, hatte sie eine Vision. Fünf oder sechs kleine Pflanzen lagen in einem Kreis. Irgendwie war dadurch kein Raum mehr für ihr Schreiben. Dann aber kam eine große Hand und ordnete die Pflanzen nicht mehr im Kreis, sondern auf einer Linie an. In dieser linearen Form war nun viel Platz für ihr Schreiben.

Nach dem dritten Mal lesen bekam Caroline eine Idee, was diese Vision ihr sagen könnte. Die fünf oder sechs Pflanzen schienen die verschiedenen Tätigkeiten und Aufgaben darzustellen, mit denen sie beschäftigt war: Klienten sehen, Gruppenbetreuung, unterrichten, Gitarre lernen und schreiben. Sie sagte: „Ich dachte, dass jede meiner Tätigkeiten wichtig ist, aber diese große Hand in meiner Vision bewegte meine Pflanzen und gab mir eine andere Sicht. Es scheint eine Priorität zu geben. Einige Dinge, von denen Gott möchte, dass ich sie zuerst tue, und andere später."

Im Laufe der Zeit organisierte Caroline ihren Alltag neu, damit sie wieder an dem Buch schreiben konnte. Das Schreiben füllte ihr leeres Herz mit Freude. Und überraschenderweise sagten die Klientinnen und Klienten nur noch selten ab.

Carolines Erkenntnis an diesem Tag sprach auch Barbara und ihre Sorgen um ihren Mann an. Barbara fand es wichtig, dass sie und er sich in dieser Zeit auf die offenen

Gespräche bei ihren Gebetstreffen konzentrieren und viel Zeit lassen würden, um Skepsis zu äußern.

Spirituelle Praxis

(1) Haben Sie einmal eine Berührung des Heiligen Geistes erlebt, die Ihre ganze Aufmerksamkeit in Anspruch nahm?

(2) Wie haben Sie reagiert?

(3) Wenn Sie dieser Berührung durch den Heiligen Geist gefolgt sind, wie hat sich das im Laufe der Zeit auf Ihr Leben ausgewirkt?

Gebet

Heiliger Geist, hilf mir, die Richtung zu erkennen, die Du mir weise anzeigst, damit ich in meinen Tätigkeiten Wichtiges von Unwichtigem unterscheiden kann.

(30)

In großer Verzweiflung

„Gott, sei uns gnädig, wir hoffen auf dich! Sei jeden Morgen der Arm für die Menschen und nun unsere Rettung in der Zeit der Not."

Jesaja 33,2

Timotheus hatte dieses Wochenende frei. Nachdem er aufgewacht war, lag er auf seinem Bett und hörte den Regentropfen zu. „Wie schön, sich an so einem regnerischen Tag zu Hause auszuruhen und dass ich Zeit mit meiner Frau verbringen kann", dachte er bei sich. Er fühlte sich in Frieden. Er hörte seine Frau Florence ihn rufen: „Tim, das Frühstück ist fertig. Wow, und schau Dir diesen starken Regen an. Ich hoffe, dass meine Salatbeete heil bleiben werden."

Aber dann war es plötzlich still. Florence kam zu Timotheus und sagte, sie habe jetzt gerade eine SMS von ihrer Freundin Monika erhalten: „Sie muss ihren Mann Kurt in die Psychatrie bringen, weil er mit Selbstmord droht. Sie weiß nicht, wohin sie ihn bringen soll. Sie möchte mit Dir sprechen."

Timotheus rief sie an. Er sagte Monika, dass es am besten wäre, in die Notaufnahme des nahegelegenen Krankenhauses zu gehen.

Timotheus und Florence fuhren dann auch zu der Notaufnahme, um Monika dort zu treffen. Ihr jüngerer Bruder war in der Lobby und sagte ihnen, dass Kurt mit der Behandlung begonnen hatte. Bald kam Monika aus einem der Behandlungsräume und gab ihnen ein Update: „Kurt sprach mit einem Arzt. Sie warten nun auf einen weiteren Psychiater. Die Krankenhausordnung erlaubt nur einen Besucher. Es wäre toll, wenn Ihr heute später oder morgen wiederkommen könntet. Tausend Dank, dass Ihr gekommen seid!" Monika umarmte sie und weinte leise. Sie bat sie um Gebete.

Timotheus und Florence kehrten nach Hause zurück, müde und ausgelaugt. Timotheus machte ein Nickerchen, aber Florence konnte sich nicht ausruhen. Sie erinnerte sich an Monikas Bitte, für Kurt und ihre Kinder zu beten.

Am nächsten Tag erhielt Florence eine weitere SMS von Monika. Sie fragte, ob Florence oder Timottheus bei Kurt sein könnten, während sie eine kurze Mittagspause machen würde. Florence schrieb zurück: „Ich werde gleich da sein."

Sie traf Monika und durfte den Behandlungsbereich betreten.

Kurt war im Flur und wartete darauf, in die psychiatrische Abteilung verlegt zu werden. Als Florence bei ihm stand, sagte er: „Ich habe große Angst, aber ich habe letzte

Nacht mithilfe der Medikamente endlich ein bisschen schlafen können."

Florence hielt Kurts zittrige Hand und betete schweigend: „Jesus, bitte halte ihn und gib ihm Deinen Frieden."

Kurt saß in einem Rollstuhl. Er hatte eine kleine Tasche auf dem Schoß und eine dünne Decke bedeckte seine Schultern. „Du bist Staub und zum Staub wirst du zurückkehren." Diese Worte aus der Bibel hörte Florence in ihrem Innern. Sie spürte, wie zart, verletzlich und zerbrechlich Menschen sind.

Dann gingen sie durch einen langen, düsteren unterirdischen Gang zur psychiatrischen Abteilung. Florence bemerkte die nackten Rohre und elektrischen Schaltkreise an der Decke, die kalten Betonwände und kalte Luft. Es war, als ob der Gang den Zustand von Kurt widerspiegelte.

Sie ging in ihre eigenen Gedanken: „Jeder kann in eine so deprimierte, verwirrte und hoffnungslose Situation fallen. Ich bekomme so viel Kraft und Hoffnung aus meinem Glauben – ich bete, dass er mich trägt, auch wenn ich mal so verzweifelt bin."

Als sie schließlich in der psychiatrischen Abteilung ankamen, erlaubte ein Aufpasser an der Tür nur Kurt einzutreten. Florence blieb allein in dem Gang und wartete auf Monika.

Nachdem Monika angekommen war, sprachen sie eine Weile miteinander, bis eine Krankenschwester Monika zu sich bat.

Draußen wurde es langsam dunkel. Florence ging zum Parkplatz. Sie war müde.

In dieser Nacht konnte Florence nicht schlafen. Tränen rollten ihr über die Wangen aber sie konnte nicht verstehen, warum. Sie weinte und betete: „Gott, wir sind so schwach und zerbrechlich. Habe Barmherzigkeit, Deine Barmherzigkeit, für Monika und Kurt."

Gegen Ende der Woche besuchte Timotheus Kurt. Er befand sich noch in der Psychiatrie. Eine Krankenschwester erklärte Timotheus, dass Kurt gerade in Behandlung sei und dass er heute Nachmittag entlassen werden könnte.

Timotheus gab der Krankenschwester einen Umschlag für Kurt. Darin war ein Gebet, das er für Kurt geschrieben hatte:

Gott,
ich bin machtlos über diese schrecklichen
        Gedanken und traurigen Gefühle.
Ich brauche Deine Hilfe.
Ich werde nicht nach diesen schrecklichen
        Gefühlen handeln,
ich werde sie nicht festhalten,
ich werde sie loslassen,
Und ich nehme sie nicht zu persönlich.
Hilf mir.

Gott,
ich lasse los.
Bitte durchdringe diese schrecklichen Gedanken
und traurigen Gefühle mit Deinem Licht,
denn dann werden sie weder Dein Licht noch
        mein Licht unterkriegen.

Und ich vertraue darauf, dass in diesem
emotionalen Chaos
neue Kreativität und neuer Lebenssinn entstehen
werden,
und dass ich die Antworten heute noch nicht
wissen muss.

Ich möchte eine Hand für Deinen Frieden sein.
Ich bin offen für Deinen Frieden.

Am Nachmittag wurde Kurt entlassen. Langsam ging es ihm mithilfe von Medikamenten, Therapie, seiner liebevollen Familie und Freunden besser. Er ging auf einem klareren Weg nach vorne.

Spirituelle Praxis

(1) Was hat Ihnen geholfen, als Sie durch eine emotionale Verwirrung und Hilflosigkeit gingen?

(2) Wenn Sie beten, wie hat Ihnen das Beten geholfen, negative Gefühle und Gedanken loszulassen?

(3) Haben Sie Freunde, die in Notzeiten mit Ihnen beten könnten?

Gebet

Gott, gib uns den Wunsch zu beten, damit wir Dein Licht in der Zeit der Hoffnungslosigkeit sehen können.

(31)

Sue und Robert geben und werden beschenkt

„Ein anderes Gleichnis legte er ihnen vor: Mit dem Himmelreich ist es wie mit einem Senfkorn, das einer nahm und auf seinen Acker säte. Es ist zwar das kleinste unter allen Samenkörnern, aber sobald es hochgewachsen ist, ist es größer als alle anderen Gewächse und wird ein Baum, sodass die Vögel des Himmels kommen und in seinen Zweigen nisten."

Matthäus 13,31–32

Robert arbeitete in Teilzeit bei einer gemeinnützigen Einrichtung, die sich für soziale Gerechtigkeit engagierte.

Eine von Roberts Kolleginnen fragte ihn, ob er daran interessiert sei, Campus-Manager in einem sogenannen Quäker Meeting Haus zu sein. Im Englischen nennen Quäker ihre Kirchen Meetings, weil sie glauben, dass Kirche überall ist und nicht nur auf ein Gebäude beschränkt. Das örtliche Meeting Haus war hundert Jahre alt. Der Campus umfasste drei weitere Gebäude, die von einer Vor- und Grundschule genutzt wurden. Es gab auch ein separates Gebäude mit einer Wohnung darin. Als Gegenleistung würden Robert und seine Frau Sue in der Wohnung miet-frei leben dürfen.

Sue war begeistert von der Idee. In ihren Gebeten fragte sie Gott, ob sie diese Aufgabe annehmen sollten. Der Meeting Campus war sehr friedvoll und die Wohnung offen und einladend. Eine hohe Kiefer spendete Schatten.

Als Sue betete, fühlte sie einen tiefen Frieden. Sue wusste, dass dieser Friede Gottes Führung war. Ein tiefes Gefühl des Friedens zu spüren war ihre Art, göttliche Füh-rung zu erkennen.

Zwei Monate später zog das Paar ein. Ihre Stelle lau-tete Resident Friends. Quäker nennen sich Freunde, wie Jesus es mit seinen Jüngern und wohl auch Jüngerinnen getan hatte.

Es gab immer etwas zu tun. Anrufe, Rohre und Lei-tungen, kaputte Klimaanlagen, ein neues Parksystem. Sie verwalteten den Terminkalender und freuten sich dabei besonders, Selbsthilfegruppen für sehr niedrige Miete Räume geben zu können.

Ab und zu klingelten Obdachlose an der Tür und baten um Geld oder Essen. Manchmal schlief einer oder eine von ihnen die Nacht auf dem Campus. Robert und Sue versuch-ten, ein Gleichgewicht zwischen der Sicherheit des Campus und einem sicheren Schlafplatz für Obdachlose zu wahren.

Das Paar mochte diese Arbeit sehr. Robert freute sich, dass sich Gruppen der Anonymen Alkoholiker im großen Raum des Meeting Hauses trafen.

Robert und Sues fürsorgliche und offene Art zogen immer mehr Leute an, die das Haus nutzen wollten. Die Mitglieder der Quäkergemeinde waren froh, dass in ihrem Haus neue Hilfsprojekte entstehen und wachsen konnten.

Eines Nachts kehrte Sue von der Arbeit zurück und stellte ihr Auto vor ihrer Wohnung ab. Es war gegen 23 Uhr. Als sie die Eingangstür öffnen wollte, bemerkte sie neben der Tür etwas, das wie ein frisch polierter Ball aussah.

Als sie sich näherte, bewegte es sich! Es war der Kopf eines obdachlosen Mannes. Er fand einen Platz hinter dem Busch neben der Eingangstür um sich zu verstecken und zu schlafen. Die Treppenstufen waren sein Kissen. Er zog seinen Kopf zurück und schaute hoch zu Sue.

„Frau, darf ich die Nacht über hierbleiben?" Sue war ein wenig überrascht aber tat ganz normal. Immer wieder hatten Obdachlose hinter ihrer Wohnung auf dem Quäker Campus geschlafen, aber noch nie jemand direkt vor ihrer eigenen Türe.

Dieser Mann sah nicht aus wie viele der anderen Obdachlosen, die oft Schlafsäcke und andere Habseligkeiten bei sich trugen. Dieser Mann trug ein sauberes, weißes T-Shirt und eine Trainingshose. Er hatte keinen Schlafsack oder sonst etwas dabei. Sue fand das seltsam, aber sie sagte zu ihm: „Sicher, Sie können gerne heute hier schlafen."

Kurze Zeit später sah sie durchs Fenster, wie auch Robert sein Auto parkte und zur Tür ihres Hauses ging. Einen Augenblick später hörte sie Roberts Stimme: „Oh, Herr, Sie haben mich überrascht! Was machen Sie hier?"

Der Mann sagte: „Entschuldigen Sie bitte, es tut mir leid. Ich bin gerade aus dem Gefängnis entlassen worden und wusste heute Abend nicht mehr wo ich hingehen könnte. Kann ich hier nur eine Nacht schlafen?"

Robert sagte: „Klar können Sie heute hier schlafen. Aber Sie haben nur ein T-Shirt an und es wird heute Nacht kalt. Brauchen Sie noch eine Decke?" Der Mann antwortete: „Danke, ich bin okay. Und ich verspreche, dass ich frühmorgens weggehen werde."

Robert ging in die Wohnung und fragte Sue: „Hast Du den Mann neben der Tür gesehen? Sein Kopf war so rund und glänzend unter dem Mond, dass ich dachte, es sei ein Fußball. Ich habe ihn fast getreten!"

Sue lächelte und sagte: „Ja, vor 20 Minuten hatte ich das gleiche Erlebnis."

Sie fanden eine warme Decke und ein Kissen. Robert reichte sie dem Mann und sagte: „Lassen Sie sie morgen früh einfach auf der Türmatte liegen." Der Mann sagte: „Oh, vielen Dank!"

Robert setzte sich mit seiner Frau auf das Sofa. „Was für ein Ort," sagte er staunend. „Viele Menschen ruhen sich in und um diese Kirche herum aus."

Neun Jahre lang diente das Paar vielen verschiedenen Menschen als Betreuerin und Betreuer des Quäker Meeting Campus. Die Erinnerung, wie sie beide, ohne dass sie es voneinander wussten, auf die gleiche Weise auf diesen Obdachlosen reagiert hatten, bereitete ihnen jahrelang Freude und stärkte ihre Beziehung. Sie halfen weiterhin vielen Menschen und wuchsen geistlich – wie der hohe, kräftige und schutzbietende Kieferbaum.

Spirituelle Praxis

(1) Haben Sie einen besonderen, gesegneten Ort?

(2) Wenn Sie dort sind, auf welche Weise haben Sie Segen erfahren?

(3) Waren Sie einmal eine Öffnung für den Segen anderer?

Gebet

Gott, danke für Deinen Segen, wenn wir für die Menschen und für die Gemeinschaft Fürsorge tragen.

(32)

Salome öffnet wieder ihr Herz

„[Gott] gehört die Erde und was sie erfüllt, der Erd-kreis und die ihn bewohnen."

Psalm 24,1 (ZB)

Salome und ihr Mann, Jonathan, mochten Sonnenblumen.

Im Frühling blühte ihr Garten mit besonders schönen Sonnenblumen, Rosen und auch leckeren Himbeeren. Ihre Wohnzimmertür stand offen hin zu ihrem Garten und Jonathan hatte sie mit einer Glastür ausgetauscht, damit sie die Blumen auch von drinnen heraus betrachten konnten. Eine besonders hohe Sonnenblume strahlte ihre Schönheit aus vor einem kleinen Orangenbaum und einem Baum mit Mandarinen.

Eines Tages sah Salome, dass der Kopf dieser großen Sonnenblume auf den Boden gefallen war. Sie dachte, dass der Kopf wohl so schwer geworden war, dass der Stiel ihn nicht mehr halten konnte.

Seltsamerweise war der Stiel der Sonnenblume aber ziemlich kräftig. Salome merkte auch, dass die Hälfte der Samen in dem Kopf der Sonnenblume wegwaren. Sie fragte sich, wie sie wohl verschwunden waren. Von den restlichen Samen streute sie einige im Garten herum und bewahrte andere auf, um sie ihren Nachbarn zu geben.

Als sie am nächsten Morgen aufwachte, waren auch die Köpfe und Samen anderer Sonnenblumen weg.

Sie ging raus, um sich die Blumen genauer anzuschauen. Die Köpfe der kleinen Sonnenblumen waren einer nach dem anderen runtergefallen. Gelbe Blütenblätter waren über den gesamten Garten verstreut.

Alle der sieben Sonnenblumenstiele waren nun ohne Köpfe. Salome war verärgert.

Vielleicht waren es die Eichhörnchen, die auf der Veranda herumliefen? Sie las nach, wie man Schäden an Sonnenblumen verhindern könnte. Eine Möglichkeit war, roten Pfeffer um sie herum zu streuen.

In der Nacht davor hatte Jonathan geträumt, dass ein Dieb auf den Tisch in ihrem Wohnzimmer gesprungen war. Jetzt erinnerte sich Salome an diesen Traum. Sie dachte, der Dieb war aber eher in ihrem Garten.

Sie beobachtete das Verhalten der Eichhörnchen. Eine neue, schöne Sonnenblume blühte auf und sie besprühte sie mit Pfeffer.

Ein paar Tage später regnete es. Jonathan sah aus dem Fenster und rief: „Schau, Salome, oh nein!" Sie sahen, wie ein Eichhörnchen irgendwie den Kopf einer Sonnenblume erreicht hatte und ihn direkt vor ihren Augen abbrach. Salome seufzte: „Bestimmt hat der Regen den scharfen Geruch des Pfeffers weggespült."

Während Salome noch beobachtete, wie das Eichhörnchen am Sonnenblumenkopf knabberte, hatte sie plötzlich Mitleid mit ihm. Sie dachte sich, dass das Eichhörnchen vielleicht sehr hungrig sei.

Einige Fragen kamen ihr in den Sinn: „Gehören diese Sonnenblumen wirklich nur mir? Ich habe sie nicht gepflanzt. Die Vögel waren es, die die Samen fallen ließen, damit Jonathan und ich die Blüten der Sonnenblumen in unserem Garten genießen können."

Dann begann sie darüber nachzudenken, wie in ihre Arztpraxis vor kurzem weniger Patienten gekommen waren. Sie hatte einige schlechte Erfahrungen mit Versicherungen gemacht, die nicht bezahlten, also begann sie, nur diejenigen Versicherungen von Patienten zu akzeptieren, die die Rechnungen auch tatsächlichzahlten.

Sie dachte: „Bin nur ich die, die entscheidet, wer in meiner Praxis behandelt werden kann? Habe ich nicht zu Gott gebetet, dass meine Praxis ein Ort für alle sei, die Gott schickt, um zur Ruhe und Heilung zu kommen?"

Sie war überrascht, als sie merkte, wie sie ihr Herz weggeben hatte, nur um mehr Geld von den Versicherungen zu bekommen, und dass ihr das gar nicht bewusst gewesen war. Sie kam sich vor als spielte sie Gott auf dem Thron und entschied, welche Patientinnen und Patienten behandelt werden würden und welche nicht. Das Geld der Versicherungen bestimmte ihre Entscheidungen.

Salome sagte: „Gott, vergib mir! Jede und jeder kann in diese Praxis kommen und sich behandeln lassen, egal was er oder sie sich leisten kann." Sie öffnete ihr Herz wieder.

Eine Woche später bekamen sie Besuch von Freunden von weit weg. Sie brachten einen großen Sonnenblumenstrauß als Geschenk mit. Salome lächelte, als sie ihn hielt.

Die Eichhörnchen in ihrem Garten hatten ihr gestohlenes Herz zurückgebracht. Sie war versöhnt damit, dass alles Gott gehört, der wahren Besitzerin der Schöpfung.

Spirituelle Praxis

(1) War Ihr Herz einmal in einer bestimmten Situation verschlossen?

(2) Wo und wie war Ihr Herz nicht mit Ihrem Gewissen und Ihrem Glauben verbunden?

(3) Was hat Ihr Herz zu sich selbst oder zu Gott zurückgeführt?

Gebet

Gott, bitte hilf uns, unsere Herzen gut zu beschützen, dass sie nicht gestohlen werden, sondern wir sie nach Deinem Herzen ausrichten.

(33)

Erwachen

*„Wandere ich auch im finsteren Tal, fürchte ich kein
Unheil, denn du bist bei mir, dein Stecken und dein
Stab, sie trösten mich."*

Psalm 23,4 (ZB)

Julian studierte Betriebswirtschaftslehre. Nachdem er früher im Bereich Marketing gearbeitet hatte, war das ein logischer Schritt, aber sein Herz war nicht dabei.

Trotz seiner vielen Fähigkeiten hatte er ein geringes Selbstwertgefühl. Als Teenager erfuhr er, dass er von seinen Eltern vor deren Heirat gezeugt worden sei. Vielleicht fühlte er sich dadurch unwohl und unsicher. War er wirklich gewollt, fragte er sich. Seine Mutter sagte ihm, es tue ihr sehr leid, dass sie und sein Vater ihn als kleines Kind oft allein gelassen hätten.

An der Universität lebte er gerne in einem Studieredenwohnheim. Er fand neue Freunde und genoss die gemeinsamen Mahlzeiten und Diskussionen über soziale und politische Themen mit seinen Kommilitoninnen und Kommilitonen. Gleichwohl führte sein geringes Selbstwertgefühl dazu, dass er ab und zu in eine leichte Depression fiel.

Sein Studentenzimmer war im ersten Stock. Die Verwaltung musste diese Etage in Büroräume umändern und gab Julian die Wahl, in ein anderes Zimmer entweder im zweiten oder im vierten Stock zu ziehen. Er dachte mehrere Tage darüber nach, in welche Etage er ziehen sollte, konnte sich aber nicht entscheiden. Mit der Zeit machte ihn die Notwendigkeit, eine Entscheidung zu treffen, immer verwirrter.

Diese Unentschlossenheit wurde noch schlimmer. Er verbrachte Stunden im Supermarkt um zu entscheiden, welche Marmelade er kaufen wollte. Er wurde schwer depressiv und erfüllt von Selbsthass. Am meisten war er auf sich selbst wütend, weil er Betriebswirtschaftslehre studierte und dachte, dadurch das Geld zu verschwenden, mit dem seine Eltern ihn unterstützten.

Schließlich wurde er in die psychiatrische Abteilung eines Krankenhauses eingeliefert. Er hörte auf, sich zu waschen, blieb den ganzen Tag im Bett und wollte mit niemandem reden. Er hatte Selbstmordgedanken. Er war so rebellisch, dass er seine Medikamente nicht nahm und andere anschrie.

Sein Studierendenpfarrer und enge Freunde besuchten ihn im Krankenhaus und versuchten, ihn zu trösten. Bis dato schien Julian immer sehr eigenständig und kreativ seinen ganz eigenen Weg zu gehen. Es war schwer für andere zu verstehen, warum er plötzlich so verwirrt war, nicht einmal die kleinsten Entscheidungen treffen konnte und sich selbst so runtermachte.

Julian hatte das Gefühl, dass er ganz allein in einem tiefen dunklen Tal wanderte, ohne jede Hoffnung. Er dachte, dass dies die Hölle war.

Während er in seinem schlechtesten Zustand war und unter 24-Stunden-Psychiatriebeobachtung stand, bekam er einen Brief. Als er ihn öffnete, war darin ein Gebet seiner Mutter:

Gott, schau Dir diesen jungen Mann an.
Du hast ihn mit einem
wirren Geist belastet.
Er hasst sich selbst,
er bestraft sich selbst,
er zermürbt mit seinen Gedanken sein Leben.

Gott, ich bestehe darauf,
dass Du das nicht willst.

Ich lege diese Tragödie
vor Dich hin,
damit mein Sohn
mit dem warmen Strom
Deiner Liebe
erfüllt werde.

Ich spreche zu Dir, oh Gott,
über diesen Dämon des Hasses
und der Zerstörung,
damit Du dessen Macht besiegen wirst.

So bete ich jeden Tag,
damit mein Sohn überlebt
und neues Leben gewinnt.

Lass ihn aus dem Geist der Liebe
wiedergeboren werden.

Amen

Julian las das Gebet seiner Mutter und rief die Krankenschwester. „Schwester, bitte lesen Sie das. Ist das nicht
schön," fragte er sie. Etwas in den Worten seiner Mutter
berührte ihn sehr tief. Irgendwie reichte ihr Gebet tief in
seine Seele. Sein Verhalten änderte sich. Irgendwie hatte
ihn das Gebet auf einen Weg der Heilung gebracht. Er begann, Rat von den Krankenschwestern und -pflegern, Ärztinnen und Ärzten zu suchen und anzunehmen und wieder
Interesse am Wohlergehen anderer zu zeigen.

Schon am nächsten Tag wurde er auf eine offene Station verlegt. Das Personal vertraute darauf, dass er keine
so genaue Beobachtung mehr nötig hatte. Er begann mit
einem neuen Psychiater zu arbeiten. Medikamente halfen,
sein neues Gleichgewicht zu halten.

Gegen Ende der Woche konnte der Psychiater für Julian einen schwer zu bekommenden Platz in einem Reha-
bilitationszentrum reservieren.

Als Julian dort ankam, empfand er alles friedvoll.
Die Umgebung war sehr angenehm und unterstützend.
Er schätzte die Gespräche mit seinen Therapeuten sehr
und umgekehrt arbeiteten sie gerne mit ihm. In der

Kunsttherapie begannen Hoffnungsschimmer in seinen Gemälden zu leuchten.

Einmal ging er reiten auf einem nahegelegenen Hof. Er war überrascht, wie gut er das Pferd führen konnte. Er fühlte sich gut. Er spürte wieder etwas Selbstvertrauen und erzählte seinem Therapeuten davon.

Die dunkle Verlockung des Todes löste sich langsam auf. Er ging wieder im Licht. Er dachte sich: „So könnte der Himmel sein."

Am Ende des Jahres, an Silvester, beschloss er leise, dass er Gott brauche, um leben zu können, und er verpflichtete sich zu einer aktiven Beziehung zu Gott.

Spirituelle Praxis

(1) Wie haben Sie Hölle erfahren?

(2) Haben Sie die Gegenwart Gottes auch in diesen dunklen Zeiten irgendwie gespürt?

(3) Was hat Ihnen geholfen, in eine neue, hoffnungsvolle Wirklichkeit zurückzukehren?

Gebet

Gott, sei der Mittelpunkt meines Lebens. Hilf mir, das Licht und die Hoffnung selbst in dunklen Zeiten zu sehen.

(34)

Ein Fünf-Minuten-Gebet

„Das ist für mich die Stunde der größten Freude, die ich je in dieser Welt hatte. Kein Ohr kann hören, keine Zunge zum Ausdruck bringen und kein Herz kann die süße Ruhe und die Wiederbelebung des göttlichen Geistes verstehen, die ich jetzt empfinde."

Mary Dyer (1611–1660)

Kyle hatte mehrere erfolgreiche Unternehmen in seinem Leben.

Jetzt war er 60 geworden, und seit einigen Jahren plagten ihn regelmäßig schlimme Kopfschmerzen, die ihm hart zusetzten. Während des Schlafens knirschte er häufig mit den Zähnen, was wohl die Ursache für seine Kopf- und Kieferschmerzen war. Schon mehrere Zahnärzte hatten geholfen, aber die Schmerzen waren immer noch stark.

Kyle dachte, dass das nächtliche Zähneknirschen einen psychologischen Grund haben könnte, und so entschloss er sich zu einem Besuch bei Nora, einer ruhigen, spirituellen

Beraterin. Sie waren beide in einem Netzwerk von Unternehmerinnen und Unternehmern.

Kyle erzählte Nora seine Symptome und sie fragte ihn, wann das Knirschen angefangen habe. Er erzählte ihr von einem Vorfall, der sich erst kürzlich ereignet hatte. Als Geschäftsinhaber sorgte er sich um das Wohlergehen seiner 50 Angestellten. Einer von ihnen war Jim, und der war gerade in tiefer Trauer, weil sein junger Sohn an Leukämie gestorben war. Kyle hatte für Jim Geld gesammelt, damit dieser die Krebsbehandlung bezahlen konnte. Trotz aller Bemühungen aber war der Junge gestorben.

Kyle bemerkte, dass Jim während der Arbeit oft weinen musste. Er sagte: „Ich vermisse meinen Sohn so sehr." Es war für Kyle nicht leicht mit anzusehen, wie Jim von seinen Gefühlen gebeutelt wurde. Er spürte, wie schwer es für ihn sein musste, mit dem Verlust umzugehen. Oft umarmte er ihn. Kyle hatte selber drei Söhne.

Kyle sagte zu Nora: „Eine emotionale Krise, wie Jim sie gerade durchmacht, ist sehr schwer zu ertragen. Das geht mir sehr nahe. Ich selber habe eigentlich keine Sorgen. Ich habe Glück. Ich habe eine gute Familie und keine finanziellen Probleme. Abgesehen von dem Zähneknirschen bin ich gesund. Solange ich meine Mahlzeiten mit einem Glas Wein und mit Freunden genießen kann, geht es mir gut."

Er erzählte Nora, dass er sein Unternehmen zwar seinen Söhnen übereignet habe, für die Angestellten sei er aber immer noch der erste Ansprechpartner. Kyle war ein guter Unternehmer.

Nora hörte ihm eine Weile zu und sagte dann: „Kyle, Sie tragen offensichtlich eine große Verantwortung für

Ihr Unternehmen und für Ihre Familie. Wie finden Sie bei alledem Frieden? Zum Beispiel zu beten kann helfen. Haben Sie manchmal Zeit für ein Gebet, um Ihren Geist zu beruhigen?"

Kyle überlegte kurz und sagte: „Ich spüre eigentlich gar keinen Stress. Ich mag meine Arbeit sehr. Ich liebe es, andere mit einem Segen Gott anzuvertrauen. Zu Beginn der Arbeit im Betrieb halten wir uns immer an den Händen und beten gemeinsam. Nur für mich selber bitte ich selten um etwas. Ich habe so viel Gutes empfangen. Ich würde mich schuldig fühlen, wenn ich etwas für mich erbitten würde. Ich bete deshalb lieber für andere."

Nora sagte, sie habe Forschungsarbeiten gelesen über die Wirksamkeit des Gebets. Einige fanden heraus, dass das Beten den Teil des Gehirns berühren kann, der die Gefühle steuert. Sie selbst könnte sich vorstellen, dass ein tägliches Gebet von zehn Minuten Kyles Geist beruhigen könnte, seinen emotionalen Druck abbauen würde, und dadurch dabei helfen kann, seine Kiefermuskeln zu entspannen. Kyle konnte sich das auch vorstellen.

Nora schlug ihm vor, jetzt gemeinsam mal zehn Minuten zu beten. Kyle ging in die Stille und bat: „Gott, ich brauche Deinen Frieden." Nach zehn Minuten lächelte er. „Wow", sagte er, „das ist nicht einfach, aber ich fühle mich sehr friedvoll. Ich will versuchen, mehr für mich selber zu beten."

Wieder zu Hause erinnerte er sich, dass er Nora versprochen hatte, in der Tat zehn Minuten lang zu beten. Weil ihm das aber ein bisschen zu lange war, begann er mit fünf Minuten jeden Abend vor dem Einschlafen. Er lag im Bett und sagte einfach: „Jesus, hilf mir, nicht mit den Zähnen zu knirschen."

Er zweifelte zwar, ob ein solch einfaches Gebet ihm wirklich helfen würde, aber er freute sich über den inneren Frieden, den er meistens dabei spürte.

Ein paar Wochen später traf Kyle Nora wieder in dem Unternehmernetzwerk. Sie lächelte und fragte ihn, ob er noch Kopfschmerzen habe, und wie es ihm mit seinem Zähneknirschen ginge. Kyle sagte: „Ich weiß, ich hatte es Ihnen versprochen, aber ich konnte nicht jeden Abend zehn Minuten beten. Immerhin konnte ich es an den meisten Abenden wenigstens fünf Minuten machen, immer vor dem Schlafengehen, und es klappt. Wenn ich morgens aufwache, habe ich nicht mehr so starke Schmerzen. Sie sind zwar nicht weg, aber viel weniger." Nora ermutigte ihn, mit dem Beten weiterzumachen.

Ein Jahr später musste Kyle eine wichtige Zulassungsprüfung für sein Unternehmen ablegen. Ein ganzer Tag mit Tests, die unterschiedliche Themenbereiche umfassten. Am Abend vorher war er sehr aufgeregt und konnte nicht einschlafen. Er erinnerte sich, wie er zusammen mit Nora gebetet hatte und wie friedvoll er sich dabei fühlte. An diesem Abend begann er wieder, zu beten. „Jesus, bitte nimm mir meine Nervosität und schenke mir Frieden."

Nur war er dieses Mal von dem Ergebnis enttäuscht. Als er am nächsten Morgen aufwachte, fühlte er immer noch dieselbe Aufregung und Ängstlichkeit. Er kniete nieder und sprach: „Jesus, sei heute bei mir und halte mich. Dann werde ich okay sein."

Die Prüfung begann. Trotz der Anspannung fühlte Kyle den ganzen Tag über eine innere Ruhe. Er bestand und die Zulassung wurde erneuert.

Als er Nora wieder traf, fragte sie ihn, ob er an seinem Fünf-Minuten-Gebet immer noch Gefallen fände. Und Kyle sagte: „Ja, ich schätze diese Gebetszeit sehr. Für eine Weile hatte ich sie vergessen, aber dann stand diese Zulassungsprüfung an, und ich habe mit dem Beten wieder angefangen. Es hat mir geholfen, meine Nervosität abzulegen. Auch während der Prüfung betete ich einige Male still um den Frieden, und das hat mir geholfen. Ich habe die Zulassung erneuern können."

Nora lachte und sagte: „Kyle, ich gratuliere Ihnen. Sie sind damit in die Welt des Betens eingetreten. Das wird Ihnen Heilung geben."

Dieses Mal verpflichtete sich Kyle vor sich selbst, sein tägliches Fünf-Minuten-Gebet weiterzumachen. Von Zeit zu Zeit fühlte er sich zwar immer noch ängstlich, aber er war dankbar dafür, einen Weg gefunden zu haben, um ausgeglichen und ruhig zu werden.

Gelegentlich, wenn es passend schien, erzählte er auch anderen davon.

Spirituelle Praxis

(1) Gab es für Sie eine Zeit, in der Sie trotz eigener Bemühungen frustriert und ängstlich waren?

(2) Was hat Ihnen geholfen, mit Ihrer Frustration und Ängstlichkeit umzugehen und Ihre Energie aufzufrischen?

(3) Eine Quelle dafür kann ein einfaches Gebet sein. Schreiben Sie ein persönliches Gebet auf, mit Ihren ganz eigenen Worten, um ruhig zu werden, oder um die Seele zu stärken, oder um sich selbst Mut zu geben.

Gebet

Gott, ich bitte Dich um Deinen Frieden und Deinen Mut, wenn ich ängstlich oder frustriert bin.

(35)

Jeremy findet die Liebe, nach der er sich so lange gesehnt hat

„Schon von fern ist Gott mir erschienen. Mit immerwährender Liebe habe ich dich geliebt. Darum habe ich dir beständige Güte geschenkt."

Jeremia 31,3 (BigS)

Jeremy, ein 52-jähriger Ingenieur, hatte seit über 20 Jahren für eine Telekommunikationsfirma gearbeitet.

Seit seiner Scheidung verschloss seine Tochter Annie langsam ihr Herz ihm gegenüber. Jetzt war sie im College. Jeremy hätte so gerne eine engere Beziehung zu ihr gehabt. Er vermisste sie und dachte oft an die glücklichen Zeiten, die er während ihrer Kindheit mit ihr verbracht hatte. Er sprach oft über seine Traurigkeit, Bedauern und Sehnsucht mit seiner älteren Schwester.

Als seine Tochter noch ein Kind war, ging sie zum Bibelunterricht in der Kirche in ihrer Nachbarschaft. Jeremy dachte, dass das Lernen über die Bibel gemeinsam mit anderen Kindern sie positiv beeinflussen würde. Nachdem sie nun für das College fortgezogen war, begann Jeremy, sich in der gleichen Kirche ehrenamtlich als Bibellehrer für die Kinder zu engagieren. Er lehrte sie über die Liebe Gottes und wie sie in Jesus Christus zum Ausdruck kam. Gott vergibt Sünden, so lehrte er.

Während er die Kinder unterrichtete, verstand er langsam seine eigene Tochter besser, als sie noch ein Kind war.

Die Sonntagsschulkinder stellten gute Fragen: „Lehrer, warum sagen die Leute, dass Jesus gestorben ist, um unsere Sünden zu vergeben? Warum musste er sogar sterben, um uns zu zeigen wie sehr er uns liebt?" Jeremy konnte ihnen keine Antworten geben, die tief aus seinem Herzen kamen. Er lehrte sie nur, was ihm selbst beigebracht worden war. Er selber hatte nie richtig Liebe erfahren.

Ihre Fragen forderten Jeremy heraus, über seine Beziehung zu Gott nachzudenken. Seine eigene Kindheit war nicht sehr glücklich gewesen. Seine Mutter war oft krank und sein Vater häufig verreist. Beide Eltern waren für ihn nicht richtig zugänglich. Jeremy war immer hungrig nach Liebe. Er sagte zu sich selbst: „Kein Wunder, dass ich mich so nach der Liebe einer Frau sehnte und deshalb früh geheiratet habe."

Er erinnerte sich, wie glücklich er war, als er und seine ehemalige Frau sich kennen lernten. Im Laufe der Zeit verblasste aber leider ihre Zuneigung zueinander. Sein Leben konzentrierte sich auf seine anspruchsvolle Arbeit. In seiner Freizeit handelte er mit Aktien, um seiner jungen Familie mehr finanzielle Stabilität zu bieten. Er kaufte ein Haus.

Aber er bemerkte nicht, wie einsam seine Frau sich neben ihm fühlte und wie depressiv sie wurde.

Dann, nach der Scheidung, verlor er Hoffnung. Eine Rezession nahm ihm die materielle Sicherheit, die er durch die Aktien erreicht hatte. Er wurde verzweifelt: Seine Frau war weg, seine Tochter emotional getrennt von ihm, und sein Geld war jetzt auch weg. Er war pleite und allein. Nichts war geblieben.

Nur seine Leidenschaft, Liebe zu finden, hatte sein Herz nie verlassen.

So alleine dachte er an das Musical „Phantom der Oper" und spürte Ähnlichkeiten darin mit seiner Situation. In dem Stück hatte das Phantom Erik eine heimliche Liebe zu Christine. Die sehnte sich aber nach einem anderen Mann namens Raoul. Eriks Gesicht war seit seiner Geburt hässlich verstellt, also trug er verschiedene Masken, während er weiter Christines Liebe suchte. Jeremy hatte das Gefühl, dass er und das Phantom beide nach der Liebe suchten, die ihnen immer verwehrt wurde.

In dem Stück entführt das Phantom Erik Christine schließlich und bringt sie in seine unterirdische Höhle. Er verlangt von ihr, sich zwischen ihm und Raoul zu entscheiden. Er nimmt seine Maske ab und will Christine küssen. Christine ist geschockt, als sie die Narben auf seinem Gesicht sieht. Trotzdem küsst sie Erik. Das Phantom ist überwältigt von ihrem Mitgefühl.

Diese Szene in dem Musical berührte Jeremy sehr. Auch er sehnte sich danach, mit seinen Wunden angenommen zu werden.

Jeremy fing langsam an, sein Leben neu zu ordnen. Am Ende eines Arbeitstags hörte Jeremy gerne christliche Musik und Predigten. Mit der Zeit spürte er, dass sich seine Narben glätteten und seine trockene Seele sich mit neuer Hoffnung füllte. An einem Abend berührte ihn ein Lied besonders. In dem Lied hieß es: „Du bist mein geliebter Sohn". Während er zuhörte, erinnerte er sich an all die Vernachlässigung und Verlassenheit in seinem Leben. Aber an diesem Abend sagte eine Stimme in ihm: „Gott liebt Dich."

Jeremy erkannte, dass Gott ihn die ganze Zeit geliebt hatte und dass Gott selbst auch hoffte, Jeremy könnte Gott zurück lieben. Er erkannte dies nicht nur, sondern er spürte es tief drin. Er weinte. Tränen liefen ihm über das Gesicht. Er saß vor einem kleinen Kreuz, das er bei sich hatte. Er spürte, dass seine Seele nun Frieden in den Armen Jesu gefunden hatte.

Jeremy hatte endlich die Liebe gefunden, nach der er sich sein Leben lang gesehnt hatte.

Seine Fürsorge für die Kinder an der Sonntagsschule wurde tiefer. Er sagte zu seiner älteren Schwester: „Ich werde weiterhin die Kinder lehren und ihnen zu vermitteln versuchen, dass Gott jede und jeden liebt, auch wenn wir es nicht fühlen oder nicht glauben können, dass wir dessen würdig sind, oder es uns rein gar nicht vorstellen können. Irgendwann kann die einseitige Liebe Gottes für uns zu einer gegenseitigen Liebe werden, so wie es bei mir war."

Jeremy bemühte sich weiter, sich seiner Tochter Annie zu nähern. Sehr langsam konnten sie mit kleinen Schritten aufeinander zugehen, zu einer liebevollen und gesunden Beziehung.

Spirituelle Praxis

(1) Was haben Sie Ihr ganzes Leben lang gesucht?

(2) Haben Sie gebrochene oder einseitige Liebe erlebt?

(3) Wo finden Sie die Liebe, die Ihre tiefe Sehnsucht stillt?

Gebet

Gott, wir sehnen uns nach Liebe, die unsere Seele beruhigt. Hilf uns, diese Liebe in Dir zu finden.

(36)

Zusammenarbeiten

„Zwei haben es besser als einer allein, denn sie haben einen guten Lohn für ihre Mühe. Wenn sie fallen, kann der eine seinem Gefährten aufhelfen. Doch wehe dem, der allein ist und fällt, und keiner ist da, der ihm aufhelfen kann."

Prediger 4,9–10 (ZB)

Sharon freute sich über die ruhigen Räume ihres Büros. Die Lage war gut und sie konnte sogar von zu Hause zu Fuß gehen.

Das Gebäude befand sich in einer Sackgasse. Wenn sie ihre Haustür öffnete, genoss sie die frische Luft, grüne Bäume und den Blick auf die nahegelegenen Berge. Die meisten anderen Mieterinnen und Mieter waren sehr freundlich. Die Miete war auch sehr erschwinglich.

Seit einer Weile bemerkte sie jedoch, dass Klientinnen und Klienten aus einem Rehazentrum, das sich ebenfalls im Gebäude befand, auf dem Parkplatz gegenüber von ihren Räumen herumhingen, rauchten und sehr laut redeten.

Das Rehazentrum half Menschen mit Drogen- und Alkoholabhängigkeit bei ihrer Genesung.

Die Situation verschlimmerte sich. Einige der Klienten schauten direkt auf Sharons Bürofenster. Jugendliche fuhren auf den Parkplatz und spielten laute Musik. Einige von ihnen rauchten große Pfeifen und bliesen Rauchwolken in die Luft. Sharon ging nach draußen und bat sie höflich, vor ihrem Büro nicht zu rauchen.

Aber die Situation wurde nicht besser. Einmal hörte sie, wie jemand an eine Außenwand ihres Büros hämmerte. Wieder ging Sharon nach draußen und wieder bat sie, damit aufzuhören. Ein anderes Mal, als sie ihre Tür aufmachte, um frische Luft hereinzulassen, bat ein Obdachloser sie um Geld, während sie noch eine Kundin betreute.

Sharon fühlte sich unwohl. Es war sehr selten, dass sie solche Störungen und Bitten in ihrem Büro erlebte. Aber jetzt fühlte sie sich nicht mehr sicher.

Sie schickte eine E-Mail an die Hausverwaltung wegen der lauten Leute auf dem Parkplatz vor ihrer Tür, aber der Manager antwortete nicht.

Bald beschwerten sich auch andere Mieter über verschmutzte Toiletten und Mangel an Sicherheit. Ein paar von Sharons Kundinnen und Kunden begannen sich unwohl zu fühlen mit dem Rauchen und damit, dass die Leute den Parkplatz blockierten.

Einige Kunden sagten ihre Termine ab.

Sharon besprach diese Probleme in einer Netzwerkgruppe für Unternehmerinnen und Unternehmer, der sie angehörte. Deren Rat war einfach und klar: Ziehe aus und finde ein neues Büro.

Aber Sharon wollte nicht aufgeben und gehen. Die Mieten in anderen Bürogebäuden waren teurer, und keines hatte eine so schöne und eigentlich ruhige Umgebung. Auch war sie froh, dass Suchtkranke Hilfe erhielten. Wenn nur der Lärm und das Rauchen aufhören würden.

Sharon wurde nervös und frustriert. Sie bat ihre Gebetsgruppe, für die Situation um ihr Büro zu beten.

Eine ihrer Gebetsfreundinnen, die eher charismatisch orientiert war, Nan, besuchte ihr Büro und sagte: „Sharon, das ist wie spiritueller Krieg hier." Nan zeigte ihr, wie man betet, um böse Geister auszutreiben. Sie bat Sharon, eine Schüssel Wasser zu bringen. Sie sagte Sharon, sie solle sich vorstellen, dass ein Tropfen von Jesu Blut ins Wasser fließen und sich in der Schüssel ausbreiten würde. Dann goss sie das Wasser mit dem imaginären Blut Jesu über den Parkplatz aus. Sie betete laut: „Ich treibe die bösen Geister hier im Namen Jesu aus. Dies hier möge ein Ort sein, der mit dem Heiligen Geist erfüllt wird!"

Sharon folgte ihr und sprach leise mit: „Gott, reinige diesen Platz, damit Frieden wieder zurückkehren kann."

Mittlerweile war Sharon von der ganzen Situation ziemlich erschöpft. Aber sie wollte immer noch nicht fort gehen von ihrem sonst so angenehmen Büro. Sie rang um eine Lösung.

Eines Morgens kam die Hausmeisterin zu Sharon und erzählte ihr, dass jemand letzte Nacht in die Toilette eingebrochen war und alles versaut hatte. Das bedeutete viel Arbeit für sie. Sie sagte: „Da ist dieser dünne, tätowierte junge Mann, der jeden Morgen hierherkommt. Ich habe Angst vor ihm. Er läuft immer mit seinem Hund um den Parkplatz herum und der schnüffelt nach etwas. Ich denke, er sucht nach Drogen." Vor Jahren hatte es hier viel Drogenhandel gegeben.

Sharon seufzte. Sie bat ihren Mann, Lukas, mit ihr zu beten. Sie legten ihre Sorgen vor Gott aus: „Was möchtest Du, dass wir tun? Müssen wir das Büro wirklich verlegen? Oder gibt es eine Möglichkeit zu bleiben? Bitte sende uns Deine Weisheit."

Nachdem sie gebetet hatten, schlug Lukas vor: „Warum besuchen wir nicht dieses Rehazentrum und sprechen mit den Leuten dort? Deren Klientinnen und Klienten scheinen das Hauptproblem zu sein. Wir wollen die Angestellten nicht beschuldigen. Wir bitten sie einfach, uns zu helfen, die Ruhe in unser Bürogebäude zurück zu gewinnen."

Lukas sprach mit anderen Mietern im Gebäude, bevor er sich an das Rehazentrum wandte.

Ein paar Mieterinnen und Mieter gingen mit Sharon und Lukas zusammen zu dem Rehazentrum. Zu ihrer Überraschung erzählten ihnen die Leute dort von einem Einbruch vor kurzem in ihrem Zentrum, und sie entschuldigten sich für das schlechte Verhalten ihrer Klienten auf dem Parkplatz vor Sharons Büro. Sie erklärten, dass die Menschen, die rauchten und Lärm machten, eigentlich gar keine Klienten des Zentrums waren, sondern hier nur die Räume des Zentrums für Gruppensitzungen einer anderen Organisation nutzten.

Sharon und Lukas waren sehr froh, dass die Mitarbeiterinnen und Mitarbeiter des Rehazentrums kooperativ waren.

Ein paar Tage später fand Sharon Graffitis, die in der Nähe ihres Büros an einer der Wände des Gebäudes geschmiert waren. Offensichtlich beanspruchte eine Gang ihr Territorium für sich. Bald schickten andere Mieter E-Mails einander hin und her, auch an den Büroverwalter. Endlich war der dann bereit, sich mit ihnen zu treffen. Er entschuldigte sich für die Unannehmlichkeiten, wenn auch etwas spät.

Lukas rief die Graffiti-Entfernungsabteilung der Stadt an und die reagierte sofort. Sharon hatte das Gefühl, dass sich die Dinge endlich wenden könnten. Sie spürte, dass der Heilige Geist allen Mieterinnen und Mietern half, zusammenzuarbeiten.

Die Leute beim Rehazentrum sagten zu Sharon, dass sie von nun an nicht mehr an Gruppen, die nicht mit dem Zentrum verbunden sind, Räume vermieten werden. Sie selbst hatten versucht, eine Lösung zu finden, und nun war ein nahegelegener Büroraum ohne Nachbarn für diese Gruppen verfügbar geworden.

Jetzt fing der Wandel an, für den sie gebetet hatten. An den Toiletten wurde ein neues Schloss angebracht. Der Lärm und das Rauchen verschwanden.

Frieden kehrte in Sharons Büro zurück. Die Hausmeisterin besuchte Sharons Büro und sagte: „Ich bin so erleichtert. Ich konnte nicht mehr schlafen. Dein Gebet hat wirklich was bewirkt." Sie hatte Tränen in den Augen.

Sharon war sehr glücklich. Nicht nur die Ruhe kehrte zurück, sondern das ganze Bemühen brachte auch alle Mieterinnen und Mieter näher zusammen, einschließlich des Rehazentrums.

Sie sagte zu ihrem Mann: „Das ist kaum zu glauben. Deine Idee, mit dem Zentrum zu sprechen, öffnete die Tür, um mit anderen Mietern zusammenzuarbeiten. Und zusammen und mit dem Heiligen Geist konnten wir bleiben."

Lukas und Sharon lachten und klatschten sich gegenseitig ab.

Spirituelle Praxis

(1) Haben Sie mal eine scheinbar unmöglich zu überwindende Situation erlebt?

(2) Wie gingen sie an diese Situation heran?

(3) Glauben Sie, dass es möglich ist, den Heiligen Geist einzuladen, mit Ihnen und Ihren Anliegen zusammenzuarbeiten?

Gebet

Heiliger Geist, ich lade Dich ein. Komm in mein Leben und leite mich in meiner Situation.

(37)

Emma denkt über alles nochmal nach

„Ich allein weiß, was ich mit euch vorhabe, – so Gottes Spruch – Pläne des Friedens und nicht des Unglücks; ich will euch Zukunft und Hoffnung geben."

Jeremia 29,11 (BigS)

Emma betrieb ihre Apotheke seit mehr als zehn Jahren. Sie wurde von mehreren Ärztinnen und Ärzten im selben Gebäude unter Vertrag genommen. Ihre Apotheke lief gut.

Als eine neue große Praxisgemeinschaft das Gebäude kaufte, konnte Emma ihre Apotheke aber nicht behalten und musste sie abgeben. Sie hatte vor allem mit einem bestimmten Arzt zusammengearbeitet, der seine Patienten zu ihr geschickt hatte. Er verlegte jetzt sein Büro weit ans andere Ende der Stadt.

Es war sehr traurig für sie, die Apotheke, die sie mit Fleiß und Leidenschaft aufgebaut hatte, und die vertraute Umgebung, die sie so schätzte, verlassen zu müssen.

Emma rief ihre ältere Schwester Tina an und erzählte, was sie durchgemacht hatte. Sie bat Tina, für eine neue Stelle zu beten.

Emmas Freundin Marian war ebenfalls Apothekerin. Als Marian von Emmas Situation hörte, stellte sie sie in Teilzeit in ihrer eigenen, viel größeren Apotheke an.

Emma und Marian sprachen oft über ihr christliches Leben. Jeden Tag las Emma in der Bibel. Das war ihr sehr wichtig. Emma und Marian hatten sich gut kennengelernt über die Jahre. Emma hatte den Eindruck, dass Marian wohl eine gute Arbeitgeberin sein würde.

Bald war Emma jedoch von Marians emotionalem Auf und Ab und ihrem unvorhersehbaren Verhalten enttäuscht. Marian kürzte öfter Emmas Stunden und änderte ihre Arbeitszeiten willkürlich, ohne es mit Emma zu besprechen.

Emma war verwirrt. Sie fragte sich: „Ist das noch die Frau, die ich gekannt habe?" Sie war verärgert. Ihr Verdienst reichte nicht aus. Und dann, wie aus heiterem Himmel, wurde Emma ganz gekündigt. Sie sollte innerhalb von zwei Wochen gehen. Marian selbst war verreist und war nicht zu erreichen.

Emma war jetzt wütend. Sie fühlte sich verraten. Sie konnte mehrere Nächte kaum schlafen. Warum nur verhielt sich Marian so? Sie beriet sich mit anderen Freundinnen, die für Marian gearbeitet hatten. Alle hatten ähnliche Erfahrungen mit ihr gemacht hatten.

Wenige Tage nach Emmas Entlassung wachte sie früh auf und nahm an einem Gebetstreffen in ihrer Kirche teil. Als sie ihre Bibel aufschlug, bemerkte sie, dass ihre letzte Notiz, die sie auf eine der Seiten geschrieben hatte, von Januar war, also vor vier Monaten. Seit sie begonnen hatte für Marian zu arbeiten, hatte sie aus irgendeinem Grund aufgehört, in der Bibel zu lesen.

Emmas Herz hatte den Ort verloren, wo es dem Wort Gottes zuhören konnte. Emma hatte auch nicht mehr viel gebetet. Sie wusste nicht wirklich, warum sie damit aufgehört hatte. War es aus Frust, ihre eigene Apotheke aufgegeben haben zu müssen? War sie einfach nur müde? Sie wusste es nicht.

Sie dachte sich: „Meine spirituelle Praxis zu vernachlässigen war vielleicht einer der Gründe dafür, dass die Arbeit mit Marian nicht geklappt hat. Ich war nicht vom Wort Gottes inspiriert und hatte keinen Frieden in mir selbst."

Emma dachte an den Propheten Nehemia im Alten Testament. Er wurde gesandt, um die Mauern von Jerusalem wieder aufzubauen. Aber weil seine Nachbarn ihn immer wieder daran hinderten, konnte er die Arbeit nicht beenden. Emma hatte den Eindruck, dass ihre eigene Beziehung zu Gott aufgehört hatte wie die unvollendeten Mauern Jerusalems. Jetzt, nach dem Bruch mit Marian, konzentrierte sie sich wieder auf Gott.

Ihre Wut auf Marian wurde weniger.

Am folgenden Sonntag sprach die Pfarrerin in ihrer Kirche darüber, wie Jesus von einigen seiner engsten Jünger verraten wurde. Er sagte, dass viele Christinnen und Christen Jesus zu ihrem eigenen Vorteil benutzen. Emma dachte, dass ihre eigene Erfahrung von Verrat und Verletzung eigentlich eher nicht so groß war. Sie empfand wieder Frieden.

Eine weitere Woche später wurde Emma zu einem Abendessen eingeladen, bei dem Menschen wie sie geehrt wurden, die Zeit und Geld gegen den Hunger unter Kindern in Afrika beigetragen hatten. Als sie zusammen mit den anderen an einem Tisch saß, fühlte es sich für sie an, als ob Gott sie mit der herzlichen Anerkennung, die sie erhielt, trösten wollte. Gott schien sie zu ermutigen, ihre gute Arbeit weiter zu tun.

Nach dem Essen rief Emma ihre Schwester Tina an und erzählte ihr, wie Gottes Wort sie wieder zu inspirieren begann. Sie freute sich, dass sie einer Missionarin in der Mongolei Spielzeug schicken konnte, die dort mit einheimischen Kindern arbeitete.

Während sie noch mit Tina telefonierte, kam ein anderer Anruf herein. Emma unterbrach. Wenige Minuten später rief sie ihre Schwester wieder zurück: „Tina, mir wurde gerade ein Job angeboten."

Tina war begeistert: „Das ist eine tolle Nachricht! Ich hoffe, diesmal wird es besser klappen. Vergiss aber Marian nicht völlig. Sie setzte sich für Dich ein, als Du dringend einen Job brauchtest. Wer weiß, wie ihre Situation jetzt ist? Sie könnte in finanziellen Schwierigkeiten sein. Bewahre sie in Deinen Gebeten. Dein Gebet kann Euch beiden helfen, zu heilen. Vielleicht ist es jetzt einfacher, für sie zu beten, da Ihr jetzt Abstand habt."

Emma dachte über alles nochmal nach. Ihre Schwester hatte sie da auf etwas aufmerksam gemacht. Emma hatte sich nicht mehr die Zeit genommen zu überlegen, was mit Marian vielleicht los sein könnte. Emma war eingenommen gewesen von ihrem eigenen Zorn und dem Gefühl, getäuscht worden zu sein.

Sie betete: „Jesus, hilf mir, für Marian und mich zu beten, damit ich ihre Bemühungen für mich sehen kann. Ich bete darum, dass sie in Zukunft einen besseren Weg findet, anderen zu helfen."

Emmas Leben wurde danach offener. Sie versuchte, die Intentionen der Menschen wertzuschätzen, auch wenn das, was letztendlich dabei rauskam, nicht immer das war, was sie sich gewünscht hatte. Sie nutzte ihre Zeit, um in der Bibel zu lesen und weiterhin gute Arbeit für andere zu tun.

Sie dachte bei sich: „Marians Verhalten tat wirklich weh. Es fühlte sich so respektlos an. Es ist eine große Herausforderung, über solche Enttäuschungen hinwegzukommen, und ich kann das nicht immer. Aber wenn es mir gelingt, fühlt es sich einfach so gut an – als ob ich das hier wirklich mit Gott zusammen gelöst habe."

Spirituelle Praxis

(1) Wenn Sie tief verletzt waren, was war Ihre Antwort darauf?

(2) Wie sind Sie mit Ihrer Traurigkeit, Wut und Frustration umgegangen?

(3) Stand etwas Ihrer Heilung im Wege?

(4) Wie können Sie einen Neuanfang willkommen heißen?

Gebet

Gott, ich bitte darum, dass Deine heilenden Energien in meine tiefe Wunde fließen. Hilf mir, meine Wut und Frustration auf gesunde Weise auszudrücken und mich oder andere nicht zu verletzen.

(38)

Avis' erfülltes Leben

*„Du zeigst mir den Weg des Lebens, Freude in Fülle
ist vor dir, Wonne in deiner Rechten auf ewig."*

Psalm 16,11 (ZB)

Joan und Mateo waren ihren Nachbarn sehr
dankbar. Die Nachbarn halfen, sich um ihren
Garten und die streunenden Katzen und Vögel dort zu
kümmern. Wenn das Paar reiste, passten die Nachbarn
auch auf ihr Haus auf.

Joan mochte vor allem ihre Nachbarin Catherine, die
gleich nebenan wohnte. Catherine gab Joan eine taiwa-
nesische Salatpflanze, um den leeren Vorgarten etwas
schöner zu gestalten. Manchmal brachte Catherine haus-
gemachten Honig und Früchte. Joan lernte gerne Garten-
arbeit von Catherine.

Eines Abends hörten Joan und Mateo, dass Catherines
Mutter Avis in der Nacht zuvor verstorben war. Sie wurden zum Gedenkgottesdienst am kommenden Sonntag

eingeladen. Mateo schickte Catherine und ihrem 90-jähri-
gen Vater eine Kondolenzkarte.

Bei der Trauerfeier fiel Joans Blick auf die Bilder von
Avis' Leben. Joan sah das Geburts- und das Sterbedatum:
1932 – 2013. Als sie sich die Jahreszahlen ansah, erinnerte sich Joan an einen ihrer HIV-positiven Patienten, mit
denen sie als Beraterin zusammenarbeitete. Der Patient
klagte oft über sein Leben. Später fand er Arbeit bei einem
Bestattungsunternehmen. Er hatte zu Joan gesagt: „Meine
Arbeit bei den Beerdigungen hat meine Perspektive verändert. Ich habe gelernt, dass das, worauf es im Leben
wirklich ankommt, der Bindestrich ist zwischen dem Ge-
burtsjahr und dem Sterbedatum."

Joan war neugierig auf Avis und ihr Leben. Nur einmal hatte sie mit Avis gesprochen, kurz nur als Avis und ihr
Mann bei Joans Haus vorbeikamen. Avis saß auf dem Bei-
fahrersitz und sagte „Hallo" zu Joan. Avis war schon sehr
schwach gewesen und sprach nicht mehr viel.

Bei der Andacht erzählte Avis' Familie aus ihrem Leben. Sie und ihr Mann waren 62 Jahre lang verheiratet. Sie
arbeitete als Sekretärin in einer lutherischen Kirche. Dort
lernte sie ihren Mann auch kennen. Sie kauften ein Haus
um die Ecke und zogen vier Kinder in der Gemeinde groß.
Und jetzt würde sie dort begraben werden. Joan dachte,
was für ein Segen es sei, eine solche geistliche Gemeinschaft zu haben.

Avis und ihr Mann blieben der Kirche treu, auch als die
Mitgliederzahlen zurückgingen und die Gemeinde kaum
noch ihre Gebäude erhalten konnte. Als Avis' Gesundheits-
zustand sich zu verschlechtern begann, sah Joan oft Avis'

Mann, wie er die vorderen Stufen der Kirche jetzt alleine fegte, wie er selbst schwach wurde, sein Rücken krumm und seine Hände zitterten.

Zu der Trauerandacht war die Kirche voll. Joan hörte die vielen Erinnerungen an Avis. Sie sah viele bekannte Gesichter. Avis' vier Kinder sangen ein Lied. Catherine hatte eine rote Jacke. Sie erzählte eine schöne Geschichte darüber, wie ihre Mutter sie ermutigt hatte, rot zu tragen. Sie sagte: „Ich habe heute die rote Jacke an zu Ehren meiner Mutter." Es war eine ruhige und humorvolle Atmosphäre.

Avis war eine Frau mit einem großen Herzen für alle. Sie lud Nachbarn, Kinder und Jugendliche in ihren Swimmingpool ein. Sie war eine begeisterte Gärtnerin, und wenn ihre Blumen in voller Blüte waren, ermunterte sie die Leute, zu kommen und sie zu pflücken.

Für eine Weile vermieteten Avis und ihr Mann einen Raum im ersten Stock an einen Theologiestudenten aus Afrika. Er sprach auch während der Andacht: „Avis lud mich jeden Mittwoch zum Abendessen ein. Ich mietete ein Zimmer von ihnen im ersten Stock ihres Hauses. Avis rief mich jedes Mal und sagte: ‚Kommen Sie heute Abend zu uns zum Abendessen?' Wenn ich verreisen musste, stand sie an der Straßenecke und wartete, bis sie mein Auto nicht mehr sehen konnte. Ich habe nirgendwo so viel Aufmerksamkeit bekommen." Seine Stimme zitterte.

Selbst als Avis wegen ihrer Alzheimer-Krankheit in ein nahgelegenes Pflegeheim umziehen musste, spielte sie weiter Klavier und bat jeden, der vorbeikam, mit ihr zu singen.

Nach dem Gottesdienst gab es viel Zeit für Zusammensein und ein großes Essen. Die Menschen begrüßten einander. Ehemalige Gemeindemitglieder, die sich schon lange nicht mehr gesehen hatten, hatten Tränen in den Augen, als sie ihre alten Freundinnen und Freunde wieder trafen. „Wie geht es dir? Wir haben uns so lange nicht mehr gesehen!"

Joan dachte, dass Avis so viel Leben geschaffen hatte mit ihrer Großzügigkeit, ihrer Liebe zu den Menschen, ihrer Musik und ihrem Glauben. Wäre Joan nicht zu Avis' Gedenkfeier gekommen, hätte sie sie nur als schwache alte Frau in Erinnerung gehabt.

Auf dem Heimweg sagte Joan zu sich: „Ja, was wirklich zählt, ist der Bindestrich. Jeder bekommt so einen Bindestrich. Ein so erfülltes Leben zu leben, wie Avis es tat, ist wirklich ein göttlicher Segen."

Spirituelle Praxis

(1) Was ist ein großes Geschenk, das Sie in Ihrem Leben schätzen?

(2) Wie und mit wem haben Sie dieses Geschenk gefeiert?

(3) Wie leben Sie mit mehr Sinn und auch voller, damit Sie es sich selbst ermöglichen zu werden, der oder die Sie sind?

Gebet

Gott, danke, dass Du mir die Möglichkeit gegeben hast, ein Leben zu leben. Bitte hilf mir, mein eigenes Leben vollständig zu leben, und so, wie Du es Dir gedacht hast.

(39)

Grace erlebt, wie sie eigenes und zugleich das von anderen wertschätzen kann

„Gott segne dich und behüte dich. Gottes Antlitz hülle dich in Licht, und sie sei dir zugeneigt. Gottes Antlitz wende sich dir zu, und sie schenke dir heilsame Ruhe."

4. Mose 6,24–26 (BigS)

Rachel war Professorin für Geschichte und jetzt im Ruhestand. Sie war geistreich und humorvoll. Sie war in ihrer jüdischen Synagoge aktiv und betete auch gerne gemeinsam mit Christinnen und Christen. Einmal sagte sie zu ihrer christlichen Freundin Grace: „Ich habe nichts dagegen, evangelisiert zu werden." Sie lachten zusammen.

Am ersten Tag des jüdischen Neujahrsfestes Rosch Haschanah rief Grace Rachel an und fragte sie, ob sie das Fest und auch das darauffolgende Jom Kippur, dem Tag des Sühneopfers, ihrer christlichen Gebetsgruppe erklären könnte.

Rachel war dankbar, dass Grace sie fragte. Das Gebetstreffen fiel auf den zweiten Tag von Rosch Haschana. Rachel erklärte der Gruppe, dass sich das jüdische Neujahr über zehn Tage erstreckt. Während dieser Zeit beten die Menschen in Andachten um Umkehr. Jeder denkt über seine und ihre eigenen Misserfolge und Sünden nach.

Jom Kippur ist der letzte der zehn Tage. An ihm fasten die Menschen und glauben, dass Gott das Buch des Lebens für das kommende Jahr besiegelt.

Grace sagte, dass Rosch Haschana und Jom Kippur sie an die Fastenzeit in der christlichen Tradition erinnerte. Auch hier ist die Fastenzeit eine Zeit der Erneuerung durch Selbstprüfung, Fasten und Umkehr, alles in Vorbereitung auf Ostern.

Als Rachel über den Gedanken der Vergebung Gottes an Jom Kippur sprach, schien es sich vom christlichen Verständnis der Vergebung zu unterscheiden. Traditionell zumindest war die christliche Lehre, dass Vergebung durch den Tod Jesu am Kreuz kam.

Gemäß Rachels Erklärung vergibt Gott im Judentum die Sünden eines jeden Menschen oder auch nicht. Sie sagte: „Das zentrale Thema von Jom Kippur ist das eigene Bemühen der Menschen, ihr Verhalten zu ändern. Ob Gott Sünden vergibt oder nicht, liegt bei Gott." Dies erinnerte Grace an andere christliche Verständnisse davon, wie Vergebung geschieht, zum Beispiel durch Buße und auch durch Gottes bedingunglose Liebe.

Rachel fragte die Gruppe, ob sie weitere Ähnlichkeiten und Unterschiede sehen könnten. Grace meinte, dass Christen Jom Kippur und seine Bedeutung wertschätzen können. Selbstreflexion und Umkehr oder Buße sind Themen sowohl im Christen- als auch im Judentum.

Sie mochte die Idee der Buße in Jom Kippur. Gleichzeitig war es für sie persönlich befreiend zu glauben, dass Jesus ihre Sünden ein für alle Mal vergeben hat, indem er am Kreuz gestorben war.

Am Ende ihres Gebetsabends sagte Pat, eine andere Teilnehmerin, zu Rachel: „Ich möchte gerne beim Fasten an Jom Kippur mitmachen. Das wird mir helfen, wenn ich über meine Beziehung zu Gott nachdenke und mich von meinen Verfehlungen säubere." Rachel freute sich über Pats Interesse.

Ein paar Tage später rief Grace Rachel wieder an. Grace erzählte ihr, dass sie ihrem Mann erzählt hatte, was sie so gerne von Rachel über das jüdische Neujahrsfest gelernt hatte, besonders über den letzten Tag, Jom Kippur.

Grace freute sich auch darauf, selbst zu fasten, aus ihrer persönlichen Wertschätzung heraus für das, was sie glaubte, dass Jesus für sie getan hatte. Ihr Mann schlug vor, Rachel am Ende von Jom Kippur zu einem Essen zum Fastenbrechen einzuladen.

Rachel kam gerne. Sie fragte, ob sie ihren Sohn mitbringen könnte, denn sie wollten vorher noch zusammen zu einem Jom Kippur Gottesdienst gehen.

Bei Sonnenuntergang war Jom Kippur dann zu Ende. Grace beendete ihre Arbeit und ging direkt zu dem chinesischen Restaurant, wo sie sich verabredet hatten.

Rachel und ihr Sohn Ben und Graces Mann waren schon da und begrüßten sie. Ben war ein sehr sympathischer Grundschullehrer. Er schätzte die offenen und unbelasteten Köpfe seiner jungen Schülerinnen und Schüler. Er war Single.

Grace sagte: „In meiner asiatischen Kultur würde ein Sohn, der alleinstehend ist und in derselben Stadt wohnt wie seine Mutter, normalerweise bei der Mutter leben, damit er etwas Geld sparen kann." Rachel sagte: „Ich habe ihm das vorgeschlagen." Ben antwortete: „Hätte er dann noch einen unabhängigen Geist?" Alle lachten zusammen. Grace dachte sich, der Sohn ist so humorvoll wie seine Mutter.

Sie bestellten ein Gericht mit verschiedenen Fisch- und Gemüsesorten und einer brodelnden Garnelen Suppe. Jeder erzählte von seinen eigenen Erfahrungen mit Jom Kippur. Rachel sagte, dass ihre Bücher für das kommende Jahr jetzt versiegelt worden seien.

Auf dem Heimweg hatten Rachel und ihr Sohn Ben sehr gute Gefühle über ihr gemeinsames Fastenbrechen. Grace und ihr Mann waren auch mit freudigen Gedanken erfüllt. Grace sagte: „Was für ein schönes und bedeutungsvolles Neujahrsessen."

Spirituelle Praxis

(1) Wie bereiten Sie sich auf einen Neuanfang vor? Haben Sie ein Ritual?

(2) Wenn Sie an religiösen Praktiken teilgenommen haben, die nicht Ihre eigenen waren, haben Sie Ähnlichkeiten bemerkt?

(3) Was war an den anderen religiösen Praktiken anregend? Was war eher schwierig oder eine Herausforderung?

Gebet

Gott, ich danke Dir, dass Du uns Zeit gibst, über uns selbst nachzudenken und unseren Glauben wertzuschätzen.

(40)

Gemeinsam Abschied nehmen und doch auch weiter zusammen sein

"Alle gehen an ein und denselben Ort, aus dem Staub sind sie alle entstanden, und alle kehren zurück zum Staub."

Prediger 3,20 (ZB)

Helen gehörte viele Jahre lang zu einer Quäkergemeinde. Sie wurde 85 Jahren alt.

Als sie weiterzog aus diesem Leben, nahm ihre gute Freundin Olivia an der Beerdigung teil. Sie wollte sich von Helen verabschieden und lud Jeffrey, ihren Mann, ein, sie dabei zu begleiten.

Auf der Fahrt zum Friedhof unterhielten sie sich über die Praxis der Einäscherung und verschiedene andere Beerdigungsbräuche aus der christlichen Tradition, was ihnen gefiel und was nicht. Welche Form sie für sich selber wünschen würden, wussten sie noch nicht genau. Sie waren neugierig darauf zu erfahren, wie die Quäker in ihrer religiösen Gemeinschaft ihre Freundinnen und Freunde bestatten würden.

Auf dem Friedhof fielen Olivia Worte auf, die in einer Ecke auf die Mauer geschrieben waren: „Gemeinsamer Ort". Sie markierten die Stelle, wo Quäkerinnen und Quäker, die kein eigenes Grab mit Namen wollten, ihre Asche begraben ließen. Es war ein gemeinsamer Ort – alle zusammen.

Am Morgen hatte es geregnet, und noch am Nachmittag war der Himmel bewölkt. Olivia und Jeffrey machten einen Spaziergang über den Friedhof, bis die Zeremonie begann. Dann gingen sie zu dem „gemeinsamen Ort" zurück.

Der Herr in der Gemeinde, der sich um Beerdigungen kümmerte, hatte ein ca. 60 cm tiefes Loch gegraben. Aus einer Tasche nahm er einen Behälter mit Helens Asche. Olivia erinnerte sich an die Worte der Bibel: „Asche bist du und zur Asche sollst du werden." Sie war tief berührt. Der Herr beugte sich nieder, um das Loch zu erweitern und sang dabei mit sanfter Stimme: „Nobody knows the troubles I have seen, nobody knows but Jesus."

Dann begann die Feier. Zwölf Gäste und Quäker und Quäkerinnen stellten sich in einem Kreis um das Loch. Jeder blieb schweigend stehen.

Nach einer gewissen Zeit erzählten sie einander, was sie von Helen in Erinnerung hatten. Sie war eine leidenschaftliche Streiterin für die Gleichstellung von Frauen. Sie hatte eine sehr harte Kindheit, konnte aber davon loslassen und andere unterstützen. Einer der Freunde sagte:

„Helen hat so vielen geholfen. Es war wunderbar, wie sie mitgeholfen hat, das Leben der Armen zu verbessern."

Olivia dachte daran, dass Helen ein Mädchen aus China adoptiert hatte. Helen liebte klassische Musik. Ihre Tochter wurde eine professionelle Geigerin. Helen unterstützte viele Musikstudierende an einer örtlichen Universität. Als Professorin für Politikwissenschaft sah sie sich als Sprecherin der Armen und Machtlosen in Mexiko und den USA. Sie hatte nie geheiratet.

Ein anderer Freund erzählte von Helens großer Lebensenergie. Sogar eine aggressive Krebserkrankung konnte sie abwehren. Ihre Ärzte waren überrascht, dass sie so lange lebte. Olivia dachte: Helen hat große Arbeit geleistet. Sie überwand ihre eigenen Schwierigkeiten und engagierte sich für soziale Gerechtigkeit.

Dann nahm der Herr, der das Loch gegraben hatte, eine kleine Handschaufel, holte etwas Asche aus dem Behälter und streute sie in das Loch. Und so tat es einer nach dem anderen aus dem Kreis der Freundinnen und Freunde. Jetzt war Olivia an der Reihe. Sie schüttete etwas Asche in das Loch und murmelte: „Helen, ich liebe Dich." Der nächste der Freunde gab etwas Asche in das Loch und legte noch ein bisschen Gras und grüne Blätter dazu. Auch Jeffrey nahm die Asche, mit stiller Miene.

Schließlich war es Zeit, den Rest des Lochs mit Erde aufzufüllen, und wieder beteiligten sich alle daran.

Nach der Beerdigungsfeier blieben manche Freundinnen und Freunde noch am Ort und sprachen miteinander über Helen. Es dauerte eine ganze Weile, bevor sie wieder gingen.

Wieder im Auto sagte Jeffrey zu Olivia: „Was war das für eine schöne und bedeutsame Feier! So gemeinschaftlich, und jeder war beteiligt. Eine ganz besondere Erfahrung, als jeder die Schaufel nahm, etwas von Helens Asche in das Loch streute, und die Schaufel dann weitergab." Olivia stimmte zu: „Ich bin froh, dass Helen in dem gemeinsamen Ort begraben wurde, zusammen mit Freundinnen und Freunden, die sie liebhatten und ihr Glaubensleben teilten."

Spirituelle Praxis

(1) Wenn Sie an den Tod denken, welche Bilder oder Worte kommen Ihnen dann in den Sinn?

(2) Haben Sie mal darüber nachgedacht, wie Sie selber beerdigt werden wollen?

(3) Mussten Sie sich einmal von einer geliebten Person oder einer Freundin oder einem Freund verabschieden, einem Menschen, der sein oder ihr Leben mit Ihnen teilte? Wenn nein, wie würden Sie sich verabschieden wollen?

Gebet

Gott, danke, dass Du uns daran erinnerst, dass jede und jeder von uns im Kreislauf des Lebens eine einzigartige Person ist. Bitte hilf uns zu einem Leben in Hochachtung vor Dir und den Menschen und der Schöpfung.

(41)

Heilung

„Der du uns viel Angst und Not hast erfahren las-
sen, du wirst mich wiederbeleben und aus den
Fluten der Unterwelt wirst du mich wieder herauf-
führen. Bring mich zu Ehren und tröstend wende
dich mir zu."

Psalm 71, 20–21 (ZB)

Andreas erwartete seinen 50. Geburtstag. Er war aufgeregt. Sein Vater hatte angekündigt, ihn zu besuchen, und ebenso sein jüngster Bruder Dennis. Es würde eine tolle Zeit zusammen werden, nicht zuletzt, weil Andreas weit weg wohnte, was Familienbesuche immer zu etwas ganz Besonderem machte.

Er war nur ein bisschen traurig, dass sein anderer Bruder, Philipp, aus beruflichen Gründen nicht würde kommen können.

Seine Eltern hatten sich scheiden lassen, als er zwölf Jahre alt war. Seine Mutter hatte ihn erst wenige Monate vor seinem Geburtstag besucht und deswegen war

Andreas zuerst etwas zögerlich, als sie anrief und fragte, ob auch sie an der Geburtstagsfeier teilnehmen könne, denn sein Vater konnte ihn nur so selten besuchen und Andreas war sehr dankbar, dass sein Vater diesmal kommen konnte.

Er beschloss, erst mit seinem Vater darüber zu sprechen, ob er einverstanden wäre, wenn seine Mutter auch käme. Sie überlegten sich, dass es doch sehr schön wäre, wenn die Mutter auch an dem Geburtstagswochenende dabei sein würde. An den Tagen davor und danach hätten Andreas und sein Vater ja noch genügend Zeit miteinander.

Andreas war in einer gebetsvollen Stimmung: Wenn auch Philipp hätte kommen können, wäre die Ursprungsfamilie zum ersten Mal seit über dreißig Jahren wieder alleine zusammen gewesen sein, sozusagen ohne Anhang, nur mit Andreas' Frau. Es wäre ein Wunder gewesen.

Er beriet sich mit seiner Frau Chloe, ob sie nicht Philipp anrufen und ihn zum Kommen überreden sollten, aber sie ließen davon ab. Sie wussten, dass Philipp ganz gewiss schon hin und her überlegt hatte, ob er nicht doch irgendwie dazukommen könnte. Sie wollten ihn nicht unter Druck setzen und es noch mehr schade finden, dass er nicht kommen konnte.

Andreas' Vater Markus kam am Donnerstagnachmittag. Sie machten einen kurzen Spaziergang und reparierten am nächsten Morgen das Vordach auf der Terrasse. Sie gingen in eine kleine Andacht zur Mittagszeit. Dann hatten sie eine kleine Wanderung geplant, aber Markus fühlte sich sehr müde und sagte, er würde am Nachmittag lieber ein Schläfchen machen und gemütlich Kaffee trinken.

Andreas war etwas überrrascht, denn sein Vater war normalerweise voller Energie, und ein Mittagsschläfchen zu Hause sah ihm nicht ähnlich. Aber er machte sich nicht viel daraus. Eher war er froh darüber, sich selber ausruhen zu können, weil ja ein großes Wochenende bevorstand.

Während Andreas sich hinlegte, saß sein Vater im Wohnzimmer am Fenster. Plötzlich klingelte es. Andreas erwartete ein Paket und war froh, dass es rechtzeitig ankam. Aber als er die Tür öffnete, stand da kein Postbote und kein Paket war zu sehen. Er schaute nach rechts die Einfahrt hinunter. Da stand doch jemand. Die Person hielt sich eine Zeitung vor das Gesicht.

„Ich komme, um Dir die Zeitung aus Deiner Heimatstadt zu bringen." Es war Philipp! Andreas schüttelte den Kopf und brachte den Mund nicht zu. Welche Sorgen er sich auch gemacht hatte bei der Vorbereitung des Geburtstagswochenendes, sie waren in dieser Sekunde verflogen. Er war so glücklich, dass er vor Staunen kaum sprechen konnte.

Nun wusste er, warum der Vater am Nachmittag zu Hause bleiben wollte. Nicht nur das, seine Eltern und die Brüder hatten Philipps Überraschungsbesuch seit sechs Monaten geplant.

Am selben Abend kamen noch die Mutter, Johanna, und der jüngste Bruder, Dennis, an. Andreas holte sie am Flughafen ab.

Alle kamen in dem kleinen Wohnzimmer zusammen. Andreas konnte es noch immer nicht fassen. Die Familie war wieder zusammen. So schwere Zeiten sie auch gehabt hatten, es ging ihnen allen gut und sie waren bester Laune.

Köstliche Salate, Suppen, Desserts und Wein taten ein Übriges, um ihre Herzen zu erwärmen. Immer wieder sprachen sie davon, wie gut es ihnen gelungen war, den Überraschungsbesuch geheim zu halten. In den sechs Monaten Planung hatte jeder einen Moment, in dem er oder sie es beinahe verraten hätte, aber es hatte geklappt. Spät in der Nacht sagte Andreas zu seiner Frau: „Ich werde diese wunderbare Liebe niemals vergessen."

Am Samstag war der Geburtstag, und nicht nur der von Andreas, sondern auch der von seiner Frau. Sie nahmen den runden Geburtstag von Andreas zum Anlass, an einem beliebten Wanderweg eine Bank für die Öffentlichkeit zu stiften. Jedermann sollte sich an ihr freuen können. Er hatte dazu an ihre Freundinnen und Freunde Einladungskarten verschickt zu einer kleinen Feier, um die Bank einzuweihen. Andreas und seine Brüder packten Tische und Stühle ein, Suppen und Brot.

Etwa 25 Gäste waren gekommen, einschließlich der Waldhüter. Sie stellten sich in einen Kreis um die Bank und hielten einen Augenblick der Stille. Der Vater von Andreas hoffte in einer kurzen Ansprache, dass diese Bank für die Menschen ein Ort der Versöhnung sein würde. Philipp machte Fotos. Dennis machte die Suppe warm und schnitt Brot. Es war ein wunderschöner sonniger Herbsttag. Andreas freute sich, seine Familie mitten unter seinen Freundinnen und Freunden zu erleben.

Er sah, wie seine Eltern auf der neuen Bank saßen und miteinander sprachen. Er war glücklich, dass sie sich so gut verstanden. Er dachte bei sich, die Bank erfülle schon jetzt ihren Zweck.

Etwas später erzählte seine Mutter Andreas, was sie mit seinem Vater auf der Bank gesprochen hatte. Sie hatte zu ihrem ehemaligen Mann gesagt, dass ihre Scheidung nicht allein seine Schuld gewesen sei. Auch wenn er der Initiator dieses großen Leids für ihre Familie gewesen sei, so hätte sie selbst schon seit vielen Jahren das Gefühl, dass auch sie wohl nicht in ihrer Ehe hätte bleiben können. Sie hatte erkannt, dass ihr jetziger Lebensgefährte der Beste für sie wäre.

Sie sagte zu Andreas, dieser Augenblick auf der Bank mit ihr und seinem Vater sei erfüllt gewesen von einem Gefühl der Erleichterung und der Vergebung.

Der Sonntag begann mit einem herzhaften Frühstück im Garten. Bei Rührei und Schinken redeten und lachten sie alle durcheinander. Philipp machte Fotos von dem schönen Orangenbaum, der voll mit Früchten war.

Um 11 Uhr gingen sie hinüber zum Gottesdienst in der Quäkergemeinde. Für Andreas war ein Traum wahr geworden, als er mit seinen Eltern und Brüdern auf einer der Andachtsbänke saß. Die Quäkergemeinde war für ihn das Zentrum seines spirituellen Lebens geworden. Bei der Vorstellung nach der Andacht stand er auf und sagte zur Gemeinde: „Heute ist ein sehr großer Tag in meinem Leben." Nacheinander stellte er seine Familie vor.

Am Montag fuhren sein Bruder Dennis und seine Mutter nach Hause zurück. Beim Abschied sagte Andreas' Vater zu seiner früheren Ehefrau: „Ich schätze sehr, was Du mir auf der Bank gesagt hast zu unserer Scheidung. Es nimmt ein wenig von der größten Last meines Lebens."

Am Nachmittag machten Andreas, sein Bruder Philipp und ihr Vater eine Wanderung in den nahegelegenen Bergen. Philipp hatte als Jugendlicher Diabetes bekommen und erzählte von den Herausforderungen, die für ihn mit dieser Erkrankung verbunden waren. Philipp hatte nie viel darüber gesprochen. Andreas konnte seinen Bruder noch besser kennenlernen.

An den letzten beiden Tagen fuhren sie zu einem Benediktinerkloster, das für Andreas und seine Frau zu einer zweiten geistlichen Heimat geworden war. Der Abt führte sie durch die Kirche, und Andreas' Vater machte eine für ihn spannende Entdeckung. Er war Pfarrer und sagte: „Ich habe noch nie gesehen, dass eine katholische Kirche in ihrem Zentrum, ihrem Allerheiligsten, die jüdische Bundeslade stehen hat, in der sie das Brot als Zeichen für die Gegenwart Christi aufbewahrt. Das ist eine wunderbare Wertschätzung unserer gemeinsamen Wurzeln."

Dann wurde es auch für Philipp und Andreas' Vater Zeit, nach Hause zurückzukehren. Andreas wartete am Flughafen und filmte, wie ihr Flugzeug abhob.

Das Wunderbare dieses besonderen Geburtstags klang in ihm noch lange nach. Seine Mutter rief ihn an und sagte auch: „Andreas, unser Familientreffen an Deinem Geburtstag war wirklich ein Wunder."

Spirituelle Praxis

(1) Wie haben Sie die Heilung von Wunden in Ihrem Leben erlebt?

(2) Was half Ihnen bei Ihrer Gesundung? Ein Mensch, ein Ereignis, eine Einsicht oder etwas anderes?

(3) Was wurde in Ihnen geheilt? Was vielleicht in anderen?

Gebet

Gott, danke dafür, dass Du uns immer wieder und überall hilfst und uns Wege zur Heilung anbietest, manchmal so, dass es unsere eigene Vorstellungskraft übersteigt.

Nachwort

Über das Beten und spirituelle Erkunden

Kwang-hee Park und Jochen Strack*

„Vertraue dem Herrn und tue das Gute, bleibe im Land und bewahre die Treue.

Freue dich des Herrn, und er wird dir geben, was dein Herz begehrt.

Befiehl dem Herrn deinen Weg und vertraue auf ihn, er wird es vollbringen.

Er wird deine Gerechtigkeit aufgehen lassen wie das Licht und dein Recht wie den Mittag.

Sei still vor dem Herrn und harre auf ihn."

Psalm 37,3–7a (ZB)

Zu **beten** ist eine wertvolle Quelle der Weisheit, um heil zu werden, Weisheit sowohl in einem selbst als auch von außen herein. Im Beten begibt man

---

*Jochen Strack studierte Theologie und ist zertifizierter spiritueller Begleiter (spiritual director)

sich auf einen geistlichen (spirituellen) Weg, auf dem man sich seinen Verwundungen stellen kann, heilende Energie schaffen, und tiefer und weiter gehen kann, auch über sich selbst hinaus.

Zu beten bedeutet, sich der spirituellen Dimension der eigenen Persönlichkeit, des eigenen Mensch-seins, zu öffnen und sie in das Leben einzubeziehen. Die spirituelle Dimension beeinflusst alle anderen Aspekte des eigenen Seins: das physische, psychische, intellektuelle, familiäre, soziale und gesellschaftliche. Wenn die spirituelle Dimension einer Person nicht zufrieden ist, nicht gesundet ist, dann beeinflusst das die anderen Dimensionen negativ.

Spiritualität wird hier verstanden als eine intrinsische Realität. Spiritualität ist Teil jedes Menschen. Sie ist ein Teil des Lebens. Sie kommt zum Beispiel besonders dann zum Ausdruck, wenn es um die Seele geht, um Lebenssinn, Aufgabe oder Berufung (calling), Würde und Wert, und um das Gefühl, mit sich selbst, mit anderen und mit der Quelle verbunden zu sein (connection). **Religion** hingegen ist ein menschliches Konstrukt. Religion ist eine strukturierte Methode, um sich mit der Quelle zu verbinden. Anders ausgedrückt, Spiritualität „ist", während Religion „ein Weg dahin" ist.

Neben den Geruchs-, Geschmacks-, Berührungs-, Seh- und Hörsinnen gibt es entsprechend auch einen spirituellen Sinn. Er kann nicht gemessen werden. Er folgt nicht der Logik. Dennoch ist eine Erfahrung, die mit dem spirituellen Sinn wahrgenommen wird, real und bedeutungsvoll, oft sogar prägend und richtungsweisend.

Beten entfaltet sich natürlich auf viele Arten und Weisen: Anbeten, bitten, danken, klagen, fragen „warum?"; und gesprochen, gesungen, auch in Bewegung. Auch in Stille kann man vor Gott bringen, was einen umtreibt, und sagen: „Gott, schau, das ist die Lage, in der ich mich befinde." Dann verbringt man einige Zeit damit, auf eine Antwort zu hören, die in einem selbst tief drinnen hochkommt.

Dieses vor Gott auslegen ist ein Prozess des langsamen, **spirituellen Erkundens und Erkennens**. Es kann uns zu dem führen, was man auch die kleine leise Stimme, oder die Stimme Gottes, des Lichts oder die Stimme Christi nennt. Gott, der oder die wirklich versteht.

Es wird immer ein gewisses Maß an Unsicherheit bleiben, ob das, was von tief drinnen kommt, tatsächlich von Gott ist oder vielleicht von einem selber oder anderweitig beeinflusst wurde. Diese Art zu beten bedarf Übung, so wie man auch übt, ein Musikinstrument zu spielen. Es ist wichtig, nicht zu vergessen, dass man nie wissen kann, ob die innere Stimme wirklich von Gott ist. Wenn man hier eine absolute Sicherheit behauptet, kann man der Gefahr erliegen, sich selbst etwas vorzumachen. Durch Übung aber kann man lernen, den Einfluss der Stimmen des Ichs, der Gesellschaft oder anderer Einflüsse immer weniger werden zu lassen. Mit der Zeit bringt einen dieser Prozess des spirituellen Erkundens immer näher zu der authentischen kleinen Stimme im Innern, der göttlichen Stimme, die den Weg zu Heilung weist.

Heilung wird auch beeinflusst von der **Vorstellung von Gott**, die man hat. Die traditionelle Vorstellung von einem herrschenden und alles kontrollierenden Gott kann dazu führen, dass man sich vor Gott fürchtet, Gott ablehnt und sogar von Gott wegläuft. Ein solches Gottesbild entstammt der Annahme, Gott würde alles in jeder Situation kontrollieren, ohne Rücksicht auf aktuelle und individuelle Begebenheiten. Dieses Gottesbild kann einem gesunden Glaubenswachstum entgegenstehen. Gott als alles kontrollierender Herrscher kann Angst machen und daran hindern, näher zu Gott zu kommen, ganz besonders in Zeiten großer Not. Auch kann solch ein Gottesbild Gott verantwortlich machen für alles Böse. Zugleich kann es dazu führen, die eigene Verantwortung zu verneinen für eine Welt, in der alle gut leben können.

Die in diesem Buch gesammelten Erzählungen wollen ein **anderes Gottesbild** zeigen: Ein lebensförderndes, eines, in dem Gott und wir, Gott und die Schöpfung miteinander verbunden sind und einander brauchen. Ein solches Gottesbild macht die Beziehung zwischen Gott und den Menschen zur Freude. Es ermutigt dazu, mit Gott gemeinsam eine Welt zu schaffen, in der alle in Vielfalt und Harmonie leben und sich gegenseitig stärken können – ein Gott, der Liebe ist.

In Inneren ist Gott mit jedem und jeder verbunden. Deshalb kann man auch diese kleine leise Stimme im Inneren, die Stimme Gottes oder des Lichts oder Christi, hören. Als Quelle und als Nährende des Lebens ist Gott in jedem Augenblick in Beziehung mit ihrer Schöpfung. Je mehr man sich Gottes Gegenwart öffnet, desto mehr wird man Gott als einen liebenden Begleitenden und Heilenden erleben.

Wenn man sich mit Gott in einer solchen Wechselbeziehung versteht, ist Gebet ein wichtiger Weg, um mit

Gott zu kommunizieren. Im Gebet kann man lernen, sich Gott zu öffnen, der Quelle der Weisheit und des Heilens. Gottes schöpferische Energie fließt dann in unser Leben. Man blüht auf. Man bietet sich Gott an, Gottes Hände zu werden, um eine Welt zu schaffen, in der alle gut leben können – wir selber, unsere Familie, unsere Freunde und ja, auch die, die wir als Gegner empfinden.

Beten kann dazu führen, Gottes Vorschlägen – auch der Wille Gottes genannt – zu folgen, sowohl für einen selbst als auch zum Wohl anderer. Natürlich gelingt es nicht immer, Gottes Vorschlägen zu folgen. Man kann nicht jedes tiefe Leid und jede Qual kennen und entsprechend nicht alles, was die Welt wirklich braucht. Dann kann das Gebet zu einer Öffnung werden, durch die göttliche Energie hineinfließen kann und Wohlbefinden fördert, auch wenn man nicht genau weiß, wo und wie und was man selbst tun kann. Gott schlägt nie endend immer wieder neue Wege vor, die Leben fördern. Das Gebet schafft einen Raum, der gegenseitig Kraft gibt, in dem die Welt und man selbst wachsen kann.

Bei regelmäßiger, täglicher, Praxis ermöglicht einem das Beten, freizuwerden von den Fesseln, die einen bewusst oder unbewusst gefangen halten. Beten entwickelt die innere Kraft, die man braucht, um sich den eigenen Verwundungen zu stellen. Und wenn sich im Laufe der Zeit Heilung einstellt, wird das Gebet dann auch eine Öffnung dafür, die eigene Berufung, die eigenen Gaben, zu erkennen. Es führt dazu, mit der ganzen Schöpfung respektvoll umzugehen. Wir gewinnen Lebenssinn. Man wird sich der eigenen Verbindung mit Gott bewusst und spürt Gottes Gegenwart, auch in scheinbar unbedeutenden Momenten.

Beten kann u.a. dabei helfen,

- zu einem klareren und ruhigeren Geist zu kommen und eine neue Perspektive erhalten, zum Beispiel für eine bestimmte Situation oder ein Bedürfnis;
- die Selbstheilungskräfte zu fördern, indem es die eigenen Schatten und Muster der Selbstzerstörung aufdeckt und so der Strom der heilenden Energie – Gottes Gnade – einen selbst und andere erreichen kann;
- sich der Verbundenheit mit allen und allem bewusster zu werden und gesunde Beziehungen zu sich selbst, anderen, Tieren, der Natur und Gott zu entwickeln;
- Lebenssinn zu finden, in dem man auf Themen achtet, die jenseits der eigenen Bedürfnisse liegen;
- im Bewusstsein des göttlichen Willens zu leben und die Fähigkeit wachsen zu lassen, Gut und Böse zu unterscheiden.

Manche dieser Aspekte können sicher auch in anderen Heilmethoden gefunden werden, etwa in der Psychotherapie. Regelmäßiges Beten kann Psychotherapie sicherlich nicht ersetzen. Aber das Gebet hat eine eigene Fähigkeit, eine Beziehung zu Gott zu entwickeln und so die spirituelle Wirklichkeit des eigenen Seins zu fördern, die die anderen Dimensionen des Mensch-seins nährt.

Wenn nun eigene Wünsche, die Erziehung, die Gesellschaft oder andere Einflüsse Gedanken und Gefühle während des Betens verwirren, können Worte der Weisheit, wie sie in der Bibel zu finden sind, helfen, sich wieder auf Gottes Vorschläge oder auf Gottes Ruf zu konzentrieren.

Ein einfacher und praktikabler Weg für die tägliche Lektüre der Heiligen Schrift ist zum Beispiel ein Kalender mit Bibelversen oder eine kirchliche Bibellese. Oder Sie entdecken Möglichkeiten, Lesungen von Bibelstellen zu hören. In englischer Sprache gibt es beispielsweise den täglichen Podcast *Pray As You Go* der britischen Jesuiten, oder die App *NRSV Bible for Everyone*.

Beim Lesen in der Bibel ist es hilfreich, sich den literarischen und historischen Kontext eines Abschnittes bewusst zu machen, insbesondere dann, wenn ein Text Gott nicht als Liebe erkennen lässt. Der Kontext weist auch auf mögliche sozio-politische Bedeutungen einer biblischen Erzählung hin, damals wie heute. Im Deutschen gibt es dazu sogenannte Studien- bzw. Erklärungsbibeln in verschiedenen Bibelübersetzungen und Kommentare zu einzelnen Büchern der Bibel. Im Englischen hat beispielsweise die *New Interpreter's Study Bible*, die auf der Übersetzung der *New Revised Standard Version* beruht, ausgezeichnete Kommentare von Theologinnen und Theologen mit unterschiedlichen religiösen Hintergründen. Die Kenntnis des Kontextes, in dem die jeweiligen Bücher der Bibel geschrieben wurden, ermöglicht ein besseres und tieferes Verständnis dafür, wie die Weisheit in und hinter den Texten der Bibel auch heute in einer bestimmten Situation zu einem selbst und der weiteren Welt sprechen könnte.

Ein Gebet, das Heilung fördert

Ein Beispiel für ein Gebet, das Heilung aktiv fördert, ist das „Vater Unser". Es ist ein direkter Weg, sich mit Gott zu verbinden und mit Gott zusammenzuarbeiten. Jesus lehrte dieses Gebet in seiner Bergpredigt (Mt 6,6–13). Es hat sehr praktische Bedeutung für das tägliche Leben, insbesondere dann, wenn Sie es sich zu eigen machen.

Schreiben Sie das „Vater Unser" ab und betrachten Sie es dann Vers für Vers. Wer ist „Unser Vater im Himmel" für Sie? Wenn sich in Ihnen etwas dagegen wehrt, Gott als Vater zu bezeichnen, suchen Sie nach einem Wort, das Ihnen eher zusagt, zum Beispiel Mutter oder Licht, Liebe oder Leben.

Wenn sein (ihr) Wille geschehe „Wie im Himmel, so auf Erden", wie könnte das zu einer Entscheidung beitragen, vor der Sie vielleicht gerade stehen?

Wenn man dann darum bittet „Unser tägliches Brot gib uns heute", denkt mancher vielleicht an eine finanzielle, eine berufliche, oder eine persönliche Herausforderung. Ein anderer mag darum bitten, heute keine Angst, keine Depressionen haben zu müssen – nur für heute, nur einen Tag auf einmal. Man sorgt sich dann vielleicht etwas weniger um die Zukunft und lernt, mehr im Hier und Jetzt zu leben.

Als nächstes spricht das Vater Unser eine der ganz großen Heilungserfahrungen an, die der Glaube anbietet: die Vergebung. Das Gebet bittet uns, wirklich und ehrlich zu vergeben: „Wie auch wir vergeben unseren Schuldigern". Zu vergeben und um Vergebung zu bitten ist so etwas wie eine geistliche Reinigung. Es bedeutet, schlechte, nicht lebensfördernde Absichten und Gedanken, selbstzerstörerische Emotionen und destruktive Verhaltensweisen loszulassen. Vergebung kann Wunden heilen und führt zur Liebe Gottes.

Was für eine Herausforderung kann das Vergeben aber sein! Hier versichert uns das Vater Unser, dass wir dabei nicht alleine sind: „Führe uns, wenn wir versucht werden, und erlöse uns von dem Bösen!" (Das ist eine neue Übersetzung der Bitte „Führe uns nicht in Versuchung!") Mit anderen Worten: „Bleibe bei uns, Gott, wir wollen unterwegs sein mit Dir."

Das Gebet bittet mich, gerade in Zeiten der Prüfung die Verbindung zu Gott aktiv zu suchen, in Zeiten, wenn mein Ich oder meine Gefühle mich überwältigen wollen und ich vergesse, dass Gott bei mir ist und mich und andere zu Ganzheit führt.

Es kommt natürlich vor, dass man durcheinander wird, wenn man den Willen Gottes erkunden möchte, auch wenn man betet oder in der Bibel liest. Dann kann es hilfreich sein, sich zu überlegen, wie Gott Gottes Willen vielleicht mithilfe von anderen oder durch bestimmte Umstände zum Ausdruck bringt. Eine Türe zu einer neuen Chance kann beispielsweise offen oder verschlossen sein. Oder wenn ich mitbekomme, wie sich jemand anderes in einer bestimmten Situation entschieden hat, kann mir das einen neuen Weg zeigen, den ich zuvor noch nicht bedacht habe. Gott tröstet und führt mich auch durch die Natur, wie zum Beispiel durch schönen Sonnenaufgang.

In mehreren Erzählungen in diesem Buch wird auch beschrieben, wie andere (Freunde, Verwandte, geistliche Begleiter) der Person mit fragen, rückspiegeln und gemeinsamen beten, auch in Stille, helfen, die spirituelle Dimension anzusprechen und dadurch zu einer tieferen

Erkenntnis dessen zu komnen, was der Person Heilung bringen kann.

Manchmal scheint aber überhaupt nichts klar zu sein. Man sieht keinen Weg, der einen weiterbringen könnte. Man sieht nicht, wie Gott neue Schönheit und Harmonie auch aus Verwirrung, Trauma und Verlust schaffen kann – aus Schicksalen also, die Gott so nie gewollt hätte. In solchen Momenten ist es besonders wichtig, dass man in der Gebetspraxis bleibt. Vielleicht bekommt man heute keine Antwort und auch nächste Woche noch nicht, aber wenn man dranbleibt, wird einen das Gebet in guten und schlechten Zeiten tragen.

So wird man im Beten Höhen und Tiefen erleben. Dennoch, selbst nur fünf Minuten im Gebet jeden Tag zu verbringen, auch wenn das unbedeutend erscheinen mag, wird im Laufe der Zeit ein Rückgrat für Heilung und Ganzheit schaffen. In kleinen Schritten stärkt man die spirituelle Dimension und spürt die Gegenwart Gottes.

Jeder und jede wird mit demjenigen und derjenigen leben, der und die immer und überall ist, und verspricht: „Ich bin bei Dir."